d

Alfred Andersch
Max Frisch

Briefwechsel

Mit einem Vorwort des Herausgebers Jan Bürger

Diogenes

Der Verlag dankt der Max Frisch-Stiftung, Zürich, und dem Suhrkamp Verlag, Berlin, für die freundliche Genehmigung zum Abdruck der Briefe und Dokumente von Max Frisch. Fotonachweis am Schluss des Bandes.

Umschlagfotos © Isolde Ohlbaum (Andersch);
© KEYSTONE / AP / Str (Frisch)

www.diogenes.ch
50/14/8/1
ISBN 978 3 257 06879 5

Inhalt

Jan Bürger

»So rauchen wir beide die Pfeife …«

Alfred Andersch und Max Frisch – zwei Freunde, zwei Nachbarn

1. Krach

Wie es um unsere Beziehungen bestellt ist, zeigt sich oft am deutlichsten durch Zerreißproben. Beginnen wir also mit der Zeit, in der die Freundschaft zwischen Alfred Andersch und Max Frisch fast schon vorbei zu sein scheint: Im Winter 1971/72 geraten die beiden Schriftsteller – seit sechs Jahren sind sie Nachbarn in dem Bergdorf Berzona weit oberhalb des Lago Maggiore – aneinander. Grund dafür ist ein kurzer Text, den Frisch für sein öffentliches *Tagebuch 1966–1971* geschrieben hat. Aus Respekt oder auch nur aus Furcht vor Streit über ein bereits gedrucktes Buch gibt er ihn Andersch am 19. November 1971 vorab zum Lesen, begleitet von einem Brief, der so klingt, als rechne er fest mit Widerspruch: Es handele sich weder um ein Porträt noch um eine Laudatio, rechtfertigt sich Frisch, sondern vielmehr um den Versuch »einer eignen Standortbestimmung aus zwischenmenschlichen Situationen«.

Frisch ist davon überzeugt, dass sein Text in erster Linie von ihm, dem Schreibenden selbst handelt und erst in zweiter von jenem Gegenüber, das ihm als Anlass für seine Aufzeichnungen diente. Dabei betrachtet er Andersch wie einen »Zeitgenossen« unter vielen. Im Gegensatz dazu hält sich Andersch bislang für seinen Freund.[1] Daher reagiert er zutiefst verletzt. Das hat offenbar auch damit zu tun, dass sich sein Ideal menschlicher Beziehungen stark von Frischs

Vorstellungen unterscheidet: Freundschaften beweisen sich für Andersch in ihrer Dauer. Ihre Bedeutung erschöpft sich niemals im Jetzt. Ebenso wichtig wie die erlebte Gegenwart sind die geteilten Erinnerungen und die Möglichkeiten in der Zukunft. So fühlt er sich genötigt, sich gegen Frischs »Standortbestimmung« zu wehren, und dabei klingt er fast verzweifelt – führt ihm doch das, was da über ihn geschrieben worden ist, schmerzlich vor Augen, dass seine Verbundenheit mit dem weltbekannten Kollegen schon seit längerem kaum noch mehr ist als eine vergleichsweise unbedeutende Nachbarschaft. Kurz: Spätestens um 1970 haben sich Frisch und Andersch auseinandergelebt. Mögen die Charakterunterschiede zwischen ihnen ihre Freundschaft anfangs eher interessanter gemacht haben, scheinen sie sich plötzlich nur noch fremd zu sein. »So rauchen wir beide die Pfeife, jeder die seine, mit gemeinsamem Tabak und mit der gegenseitigen Frage nach dem Stand der Arbeit«, konstatiert Frisch in seinem Text lapidar.

Noch 1964 hatte Andersch seinem früheren Rundfunkassistenten Hans Magnus Enzensberger voller Optimismus, aber auch Ironie vermeldet, dass das Valle Onsernone im Tessin von nun an keineswegs mehr abgelegen sei, denn bald fange »der Frisch Max hier zu bauen an«. Lyriker wie Enzensberger würden sich »dann schon an den Gedanken gewöhnen müssen, dass die deutsche Literatur in Zukunft in Berzona« stattfinde.[2]

Ende 1971 scheint diese Euphorie für Andersch in weite Ferne gerückt. Mit seiner »Standortbestimmung« hat sich Frisch deutlich von ihm distanziert. Dagegen kann Andersch einerseits nichts ausrichten, andererseits mag er sich mit diesem Zustand aber auch nicht abfinden. »Bei unserer Beziehung handelt es sich um eine Geschichte«, hält er Frisch am 7. Dezember entgegen, und eine Geschichte, das sei für ihn etwas mit Vergangenheit, Gegenwart und Zukunft: »1962–1971. Rom – Berzona. (Warum standen wir so, dass Du 1964 nach Berzona kamst?)«

Frischs scheinbar skizzenhafte, in Wirklichkeit aber exakt austarierte Tagebucheintragung enttäuscht Andersch nicht nur, weil sie keine Zeile über sein literarisches Werk, geschweige denn über die Bedeutung ihres intellektuellen Austauschs enthält, wie Peter von Matt einmal in einer einfühlsamen Betrachtung festgestellt hat.[3] Ernüchternder noch ist für ihn, dass durch sie die fast zehnjährige, nicht immer einfache, zeitweilig sicher auch durch Konkurrenzgefühle belastete Freundschaft zu einer eher zufällig wirkenden Begegnung zwischen zwei älteren Herren hinuntergestutzt wird, die nun einmal denselben Beruf ausüben. Frisch gibt zwar offen zu, dass er vor allem Schwierigkeiten mit sich selbst habe, dies hält Andersch aber nicht davon ab, ein Fazit zu ziehen, das jede weitere Diskussion abschnürt: »Du hast es vorgezogen, anstatt eine Geschichte zu schreiben, eine Momentaufnahme zu knipsen. [...] Ich erkenne mich darauf nicht wieder. Jeder Deiner ach so höflichen Sätze enthält eine falsche Nachricht.«

Beiläufig hat Andersch mit dieser Äußerung auch den grundsätzlichen Unterschied im Verständnis des Künstlerischen und des Lebens zwischen ihnen markiert (beide haben sie ja die Grenze zwischen Kunst und Leben, auch zwischen dem Privaten und dem Öffentlichen programmatisch aufgeweicht, wenngleich auf sehr unterschiedliche

Weise). In der intensivsten Zeit ihrer Freundschaft, in den Jahren nach Fertigstellung von *Mein Name sei Gantenbein,* als Frisch zusammen mit seiner späteren zweiten Frau Marianne Oellers seinen Hauptwohnsitz ins Tessin verlegt, entwickelt sich seine Literatur immer stärker zum Fragmentarischen hin. Fortan will oder kann er keine zusammenhängenden Geschichten mehr liefern – stattdessen kombiniert und komponiert er »Eintragungen«, Gedankensplitter und Notizen. Mit *Gantenbein* hält Frisch trotz allem noch an der geschlossenen Form fest, was Andersch im Juli 1964 begeistert: »ein Roman, der ein Roman ist, obwohl er aus nichts als Episoden, Stories, aus Bruchstücken besteht«. Von Frischs späteren Werken kann das so nicht mehr gesagt werden, schon gar nicht vom *Tagebuch 1966–1971.*

Aus einer ähnlichen Generationserfahrung heraus versteht sich zwar auch Andersch als modern, doch seine ästhetische Strategie wirkt derjenigen Frischs geradezu entgegengesetzt: Jene Bücher, die Andersch selbst für seine wichtigsten hält, *Efraim* von 1967 und *Winterspelt* von 1974, sind im Grunde traditionelle Romane. Allerdings stellt Andersch deren Beschaffenheit und Entstehung fortwährend in Frage: ihr Gemachtsein. So ist *Efraim* nicht nur eines der ersten Bücher nach Auschwitz, mit denen ein deutschsprachiger Goi, ein Nichtjude, versucht, aus der Perspektive eines Juden zu erzählen. Es ist auch ein sehr frühes Beispiel dafür, wie das Verfassen eines Romans in nahezu postmoderner Weise selbst zum Thema, zum Erzählstoff gemacht werden kann. Bei aller Begeisterung für wesentlich radikalere Autoren wie Arno Schmidt oder Samuel Beckett hält Andersch doch am Erzählen von Geschichten fest – genauso, wie er seine Beziehung zu Frisch nur als Geschichte darstellen könnte und nicht als modischen Snapshot. Am meisten überzeugt ihn Frisch denn auch mit vergleichsweise konventionellen Werken wie *Homo faber* oder *Andorra*. Ja, einmal fordert er ihn sogar auf, »naturalistischer« zu schreiben, freilich in Anführungsstrichen.

Was Andersch beim Lesen der auf ihn bezogenen Tagebucheintragung vollkommen ignoriert, sind die zermürbenden Selbstzweifel, zu denen sich Frisch mit ihr bekennt – die entwaffnende Offenheit, mit der er eingesteht, sich dem anderen gegenüber »unergiebig« zu fühlen. Er wisse kaum noch etwas zu sagen, und das nicht, weil ihm Andersch egal sei, sondern weil er sich selbst, obwohl er doch äußerlich mit Erfolgen verwöhnt wird, als unzureichend empfinde. In anderen Situationen, früheren und späteren, bringt er noch deutlicher zum Ausdruck, woran es hakt: Nicht Andersch ist das Problem, das Problem ist er selbst.

Bereits am 8. Mai 1966, in einem der vertraulichsten Briefe an Andersch und dessen Frau Gisela, umschreibt er das, was er selbst nicht recht nachvollziehen kann: Seit Wochen liegt Andersch im Krankenhaus, und Frisch hat ein schlechtes Gewissen, sich in dieser Zeit fast gar nicht um ihn gekümmert zu haben. So etwas wirke selbstverständlich wie »pure Gleichgültigkeit«, gibt er zu, und sei eigentlich »unverzeihlich«. Und doch sei es keine Gleichgültigkeit, sondern eher ein pathologisch anmutendes Versagen vor dem Freund: »Wenn ich Telefon-Hemmung sage, will ich es nicht entschuldigen, ein Versagen, das mir fast jeden

Tag einmal bewusst wurde und immer monumentaler. Ich konnte mir nur noch sagen: am 1. Mai besuche ich ihn, dann wird er mir hoffentlich glauben, dass ich meinen Ausfall nicht verstehe und mich selbst (nicht zum ersten Mal) unmöglich finde.« Knapp zehn Jahre später interpretiert Frisch dieses Verhaltensmuster der inzwischen verwitweten Gisela Andersch gegenüber offen als Ausdruck einer Depression.

In Frischs eigenen Augen ist der kleine Text über Andersch vor allem eine Form von Selbstkritik. Doch dies ändert nichts daran, dass der Beschriebene ihn als beleidigend empfinden kann oder sogar muss. Frisch sieht das sofort ein, deshalb streicht er die Passage nach Anderschs Einspruch aus seinem Buch, auch wenn es ihm schwerfällt: Am 11. Dezember 1971 versucht er noch einmal eine Rechtfertigung. Er habe in den vergangenen Jahren manches über Andersch zu Papier gebracht, doch das sei für eine Veröffentlichung zu privat gewesen: »Schliesslich versuchte ich es, da unsere Nachbarschaft während dieser Tagebuch-Jahre mich intensiver beschäftigt hat als anderes [...], wenigstens mit einem Hinweis, einer Momentaufnahme, wie du sagst; wobei ich meinte, es wären darin sowohl Freundschaft wie deren Problematik wenigstens signalisiert.« Damit könnte die Geschichte zu Ende sein, die der Tagebucheintragung ebenso wie die der Freundschaft.

Doch das ist sie noch lange nicht, für Frisch wahrscheinlich noch weniger als für Andersch. Das zeigen nicht weniger als vier ausführliche Notizen über seine Differenzen mit Andersch, die sich in seinem Nachlass finden. Eine davon ging in Frischs *Berliner Journal* ein, jener zu Lebzeiten unveröffentlichten Fortschreibung des *Tagebuchs 1966–1971*, die auch noch 20 Jahre nach seinem Tod gesperrt bleiben sollte.[4] Hier fasst Frisch die früheren drei zusammen und spitzt sie zu, allerdings ohne dabei zu einem überzeugenden Erklärungsmodell zu gelangen. Letztlich scheint ihm alles möglicherweise doch nur eine Folge der äußeren Lebenssituation: Das Übel sei die Enge des Dorfes, die räumliche Nähe, der Umstand, dass man sich in Berzona nicht aus dem Weg gehen könne, deshalb zu oft und auf verlogene Weise Rücksicht nehme und sich so einander niemals wirklich öffne. In der Stadt, vermutet Frisch, wären sie wahrscheinlich Freunde geblieben.

1973, im *Berliner Journal*, ist er sichtlich bemüht, die Distanz zwischen ihm und Andersch zu unterstreichen. Das wirkt fast wie ein Abwehrzauber, ist doch allein schon die Tatsache, dass er zuvor mehrmals versucht hat, seinen Konflikt mit Andersch schreibend auf den Punkt zu bringen, ein Zeichen dafür, wie viel er ihm zeitweilig bedeutet hat. Und so gelingt den beiden einige Jahre später auch etwas sehr Ungewöhnliches – eine »Zweite Freundschaft«, wie Frisch es 1979 in seiner ergreifenden Rede zu Anderschs 65. Geburtstag nennt.

2. Annäherungen

Was aber hätte 1971 für Andersch in einer angemessenen Darstellung ihrer Beziehung stehen sollen?

Wahrscheinlich vieles von dem, was in der sporadischen Korrespondenz zwischen ihm und Frisch angedeutet wird.

Dabei erschweren zufällige Verluste die Rekonstruktion dieser Freundschaft: Die Überlieferung ist lückenhaft. Obwohl beide Autoren ihre Archive zu Lebzeiten öffentlichen Sammlungen übergeben haben, ist manches mit Sicherheit verlorengegangen. Außerdem handelt es sich im vorliegenden Fall nicht nur um einen Briefwechsel in der Epoche des Telefons. Noch wichtiger für das Verständnis der Beziehung zwischen Andersch und Frisch ist es, sich klarzumachen, dass aus der gemeinsamen Zeit in Berzona von 1965 bis 1970 fast keine schriftlichen Spuren vorliegen. Wie sollte das auch anders sein? Man sah sich ja, man konnte jederzeit an der Tür des anderen klopfen, und das galt genauso für Gisela Andersch, die bei der improvisierten Hochzeit der Frischs am 28. Dezember 1968 ohne viel Aufhebens zur Trauzeugin wurde, und für die Kinder Annette und Martin Andersch.

Doch der Gang in die Archive lässt nicht nur Fehlendes ahnen, er rückt auch einiges zurecht: Zeichnet man die Entwicklung des Verhältnisses zwischen Andersch und Frisch mit Hilfe der Dokumente nach, beginnt es nicht erst 1962 in Rom, wie Andersch sich in seinem Brief von 1971 erinnert, sondern bereits ein paar Jahre früher. Das erste Treffen im legendären Zürcher Café Odeon im Jahre 1957 ist noch rein geschäftlicher Natur, aber durch Frischs Liebesbeziehung zu Ingeborg Bachmann kommt ihm Andersch bald näher. Denn Bachmann fühlt sich Andersch seit Jahren verbunden. 1953 erschien ihr erster Gedichtband in der von ihm herausgegebenen Buchreihe *studio frankfurt,* und als Redakteur beim Süddeutschen Rundfunk in Stuttgart hatte er ihr zu lukrativen Aufträgen verholfen. Ohne Frage sind sich die beiden sympathisch, sie duzen einander schon lange, und der Ton ihrer Briefe ist freundschaftlich – auch noch nach Ingeborg Bachmanns Bruch mit Frisch. Dem Komponisten Hans Werner Henze, ihrem wohl engsten Vertrauten, schreibt sie darüber Anfang 1963 aus Uetikon bei Zürich: »[E]s ist jetzt endgültig für mich beschlossen, dass das Leben der letzten Jahre zuende ist. Ich weiss gar nicht, wo ich anfangen soll. Seit vier Monaten geht das schon, seither bin ich hier, so furchtbar allein und abgetrennt von allem, und hier und da hab ich eine Stunde jemand gesehen, so selten und in dieser Stunde noch die bella figura machen müssen. [...] Das Ganze war wie eine lange, lange Agonie, Woche für Woche, und ich weiss wirklich nicht warum, es ist nicht Eifersucht, sondern etwas völlig anderes; vielleicht weil ich, vor vielen Jahren, wirklich etwas Dauerhaftes, ›Normales‹, begründen wollte, bisweilen gegen meine Lebensmöglichkeiten, immer wieder habe ich darauf bestanden, auch wenn ich von Zeit zu Zeit gespürt habe, dass die notwendige Transformation mein Gesetz verletzt oder mein Schicksal – ich weiss nicht, wie ich es ausdrücken soll. Vielleicht sind auch diese Erklärungen falsch – doch Tatsache ist, dass ich tödlich verletzt bin und dass diese Trennung die grösste Niederlage meines Lebens bedeutet.«[5]

Im August 1959 versteht es sich fast von selbst, dass Bachmann und Frisch die Familie Andersch besuchen, die im Vorjahr von Stuttgart ins Tessin gezogen ist. Bemerkenswert hingegen ist, dass eine Freundschaft zwischen den beiden Schriftstellern, warum auch immer, erst möglich zu sein scheint, als sich Frisch und Bachmann wieder getrennt haben. 1960 initiiert man zwar gemeinsam einen Offenen Brief zum Algerien-Konflikt, aber von einer wirklichen Annäherung kann – in diesem Punkt sind Anderschs Erinnerungen zutreffend – erst im Frühling 1963 die Rede sein, in dem Frisch, Marianne Oellers, Gisela und Alfred Andersch in Rom viel Zeit miteinander verbringen und sich immerhin schon so sehr vertrauen, dass Frisch Gisela Anderschs Atelier in der Via Margutta übernimmt, um sich möglichst schnell von jener übertrieben luxuriösen Wohnung zu befreien, die er im Vorjahr mehr für Ingeborg Bachmann als für sich selbst gemietet hat.

In gewisser Weise beginnt die Nachbarschaft also nicht erst in Berzona, sondern schon hier, zur Zeit der Dolce Vita, im Intellektuellen-Mekka Rom, von dessen sieben Hügeln sich, wie Wolfgang Hildesheimer 1962 einmal spöttisch bemerkt, Frisch, Bachmann, Andersch, Luise Rinser und eine ganze Reihe von Autoren der Gruppe 47 »zuwinken« können.[6] Rom ist für Andersch von Berzona aus gesehen viel mehr als ein Kontrastprogramm zum Landleben. Mit dem Gang in die Ewige Stadt begibt er sich auch zurück in den Literatur- und Kunstbetrieb: Außer in Berlin halten sich in diesen Jahren wohl nirgends so viele deutschsprachige Schriftsteller auf wie hier. Sogar noch in dem Dörfchen Sperlonga, in das sich Frisch nach der Trennung von Bachmann zurückziehen will, trifft er prompt Günter Grass, der sich, Frisch hält das in seinem *Tagebuch* fest, »als Richter in fremder Ehesache« aufspielt – woraufhin Frisch ihn aus der Wohnung werfen will. Einen Günter Grass kann das aber nicht wirklich aus dem Konzept bringen: »Er bleibt sitzen und sagt besonnen: Lassen Sie uns wenigstens diesen Grappa austrinken.«[7] Zu Beginn der sechziger Jahre fühlen sich Andersch und Frisch noch einig in ihrer Aversion gegen den betriebsamen Grass und ebenso gegen Uwe Johnson, der ihre Wege sowohl in Rom als auch in Frankfurt und Berlin kreuzt. Frisch wird diese Meinung bald revidieren. Andersch hingegen bleibt in Bezug auf die jungen Stars der Verlage Suhrkamp und Luchterhand stur. Mit Ausnahme von Hans Magnus Enzensberger hält er sie schlicht für »deutsch provinziell«.[8] Auch dies irritiert Frisch, wie er in seinem *Berliner Journal* feststellt.

Einige der Meinungsverschiedenheiten zwischen Frisch und Andersch scheinen ihre Ursache darin zu haben, dass der eine als Schweizer geboren wurde und der andere als Deutscher. Dennoch gibt es gerade in ihrem Verhältnis zum Nationalsozialismus deutliche Parallelen: Beide haben schon vor 1945 versucht, sich auf dem reichsdeutschen Buchmarkt als Schriftsteller zu etablieren. Der Student Max Frisch war mit zwei politisch unverdächtigen Büchern in der Stuttgarter Deutschen Verlags-Anstalt hierbei wesentlich erfolgreicher als der drei Jahre jüngere Andersch, der nach seiner Inhaftierung im Frühjahr 1933 und der Entlassung aus dem KZ Dachau sein Brot in München, Hamburg und Frankfurt als Büroangestellter und Werbeleiter verdiente, bevor er am Krieg teilnehmen musste.[9] Grundsätzlich hätte auch er eine Buchveröffentlichung unterm Hakenkreuz nicht abgelehnt: So wie jeder, der nach 1933 in Deutschland professionell als Schriftsteller arbeiten wollte, füllte Andersch am 16. Februar 1943 einen Aufnahmeantrag für die Reichsschrifttumskammer aus. Darin allerdings ein politisches Bekenntnis zu erkennen, wäre verfehlt.

Heikler und persönlich belastender war Anderschs Scheidung von seiner ersten Frau Angelika im selben Jahr. Nach den rassistischen Kategorien des Nationalsozialismus galt Angelikas Mutter Ida Hamburger als »Volljüdin«. Am 15. Juli 1942 wurde sie nach Theresienstadt deportiert. Angelika war durch ihre Ehe mit Andersch vergleichsweise sicher. Ob sich durch die Scheidung daran etwas ändern würde, konnten weder sie noch Andersch 1943 absehen.

Angelika überlebte mit der gemeinsamen Tochter Susanne im Allgäu, und doch machte sich Andersch Vorwürfe, nicht rechtzeitig mit seiner Familie ins Exil gegangen zu sein und die Ehe nicht einmal aus Sicherheitsgründen weitergeführt zu haben. Dies ist der biographische Hintergrund für die Auseinandersetzung mit dem nationalsozialistischen Terror und der Situation der Verfolgten, die zur Grundlage seines schriftstellerischen Selbstverständnisses wurde.

Frisch geriet als Student mit seiner Geliebten Käte Rubensohn in eine ähnliche Situation. Käte hatte Berlin verlassen, weil sie dort als Jüdin nicht studieren durfte. Bei gemeinsamen Reisen nach Deutschland wurden Frisch die Dimensionen des nationalsozialistischen Rassismus bereits 1935 so bewusst wie wenigen seiner Landsleute. Und doch hatte die unmittelbare Konfrontation mit dem alltäglichen Antisemitismus für ihn ganz andere Folgen als für Andersch. Erkennbar wird dies insbesondere an seinem ungebrochenen Verhältnis zur deutschen Sprache.

Als Deutschschweizer bewegt Frisch sich in einer Sprachwelt, die in den Jahren zwischen 1933 und 1945 zwar ramponiert, aber nicht in ihren Grundfesten erschüttert worden ist. Für Andersch hingegen ist nach Auschwitz nichts mehr, wie es war. In seinen Augen ist das Deutsche, um mit Georges-Arthur Goldschmidt zu sprechen, eine »kriminalisierte Sprache«, die »von der Nazischeiße für immer geschändet« wurde und nur im Exil und in der Schweiz einigermaßen intakt bleiben konnte.[10] Mit seinen Romanen und Erzählungen schreibt Andersch gegen die deutschen Traumata an, und zugleich wird ihm bewusst, dass er durch sie ebenso deformiert wurde wie diejenigen, die sich tatsächlich schuldig gemacht haben. Nach dem Krieg steht für ihn fest, dass jeder, der im Nationalsozialismus gelebt hat, gezwungen wurde, sich in einem vom Verbrechen gezeichneten Idiom auszudrücken. Für Frischs Schweizerdeutsch trifft das nur in sehr abgeschwächter Form zu, auch wenn er als junger Autor eines Stuttgarter Großverlags darum bemüht war, sich in die reichsdeutsche Literatur einzuschreiben. Ein Jahr nach Hitlers Machtübernahme hatte er sogar massive Vorbehalte gegen das »Emigrantentheater« im Zürcher Schauspielhaus, dem er später durch die Kontakte zu Kurt Hirschfeld, Ernst Ginsberg und dann auch zu Bertolt Brecht sehr viel verdankte.[11]

Frischs Thematisierung des Antisemitismus in *Homo faber* und vor allem in *Andorra* erinnert in vielem an Anderschs gleichzeitig entstandene Werke. Jene Sprachkrise aber, die Andersch in seinem Roman *Efraim* als zentrales Problem herausstellt, bleibt ihm fremd. So kann er nur konstatieren, dass sich in den Szenen, in denen Andersch seinen aus dem Exil zurückgekehrten Helden in Berlin auf die Suche nach der verlorenen Muttersprache schickt, auch die Verunsicherung des Autors selbst spiegelt: »Was ist zwischen damals und heute mit mir geschehen [...]«, fragt sich Efraim, »daß ich gewisse Metaphern, die ich einst *(einst!)* mit einem heftigen Genuß gebrauchte, heute nicht mehr ertrage? Die Antwort darauf ist einfach: das, was mit allen geschehen ist, deren Sprache gelitten hat. Denn wenn man anfängt, Menschen zu vernichten wie Ungeziefer, wenn man nicht Feinde töten, sondern einen Samen ausrotten will, dann vernichtet man nicht nur sechs Millionen Seelen, sondern, ganz nebenbei, auch die Sprache der Überlebenden.«[12]

3. Getrennte Kreise

»Neidisch, aber ohne Missgunst« – nicht ohne Humor beschreibt Andersch 1964 so die Haltung, die er Frisch gegenüber einnimmt. Natürlich sieht er die Unterschiede zwischen ihnen beiden, und doch gehört er selbst mittlerweile ebenfalls zu den erfolgreichsten Autoren seiner Generation. Eigentlich war das auch schon bei ihrer ersten Begegnung im Frühjahr 1957 so: Als Romancier trat Andersch zwar erst im darauffolgenden Herbst mit *Sansibar oder der letzte Grund* an die Öffentlichkeit. Dennoch galt er bereits als eine der wichtigsten Stimmen aus dem Umfeld der Gruppe 47. Darüber hinaus war er leitender Redakteur maßgeblicher Rundfunksender, zunächst in Frankfurt am Main, dann in Hamburg und schließlich in Stuttgart, und seine kommerziell gescheiterte Zeitschrift *Texte und Zeichen* war inhaltlich für die Literatur der jungen Bundesrepublik geradezu richtungweisend. Der junge Siegfried

Unseld übertrieb nicht, als er nach Erscheinen der letzten Nummer (die einen Auszug aus Frischs *Homo faber* enthielt) im Januar 1958 im Frankfurter Universitätsclub feststellte: »Sie war – bei allen Einschränkungen – unsere interessanteste Zeitschrift. Aber die Leser waren, wie es im Schlußwort des Herausgebers heißt, ›eine Minderheit in der Masse des geistigen Konformismus, der heute Deutschland beherrscht‹.«[13] In den von Unseld zitierten Schlussbemerkungen macht Andersch kein Geheimnis daraus, dass er den Glauben an eine Massenwirkung moderner Literatur verloren hat. Zwölf Jahre nach dem Krieg hänge das Leben des »Geistes« ausschließlich von kleinen Minderheiten ab: »Der Minderheit, die TEXTE UND ZEICHEN las, darf versichert werden, daß die Aufgabe, die sich in der Zeitschrift verkörperte, allen Widerständen zum Trotz in den mannigfaltigsten Formen weitergeführt werden wird.«[14]

Mit diesem sektiererischen Pathos, das Andersch nie ganz ablegen wird, kann Frisch von Anfang an wenig anfangen. Im Gegensatz zu Andersch (und übrigens ebenso zu Peter Suhrkamp, der ihn seit 1949 als ersten jüngeren Autor seines im Wesentlichen von Hermann Hesse und Brecht getragenen Verlagsprogramms regelrecht aufgebaut hat) ist ihm jeder elitäre Gestus suspekt. Frisch irritieren und überfordern die eigenen Verkaufserfolge, aber er misstraut seinem rapide wachsenden Publikum nicht. Dabei stellt seine Popularität alles in den Schatten, was er jemals für möglich gehalten hätte. Bezeichnend ist ein Brief, den ihm Siegfried Unseld am 1. Februar 1966 schickt: »Es ist ja immer so gewesen, dass der Verlag durch den Erfolg eines Autors seine

Verlagsarbeit so ausführen konnte. Ohne Hesse und Shaw hätte es im Jahre 1950 und in den folgenden Jahren den Suhrkamp Verlag nicht gegeben, ohne Brecht wäre die zweite Aktivität um 1959 nicht möglich gewesen. Jetzt sind Sie der Autor, der es eben dem Verlag möglich macht, großzügig gegenüber seinen Autoren zu verfahren.«[15] Ob Frisch es will oder nicht, im Zuge der Mischkalkulation traditionell arbeitender Literaturverlage sichert er Unselds Engagement für Autoren wie Wolfgang Hildesheimer, Hans Magnus Enzensberger, Martin Walser, Wolfgang Koeppen oder Uwe Johnson. Seinem Verleger gegenüber hat er dadurch eine extrem starke Position: Ökonomisch geriete die vielbeschworene »Suhrkamp culture« (George Steiner) ohne seine Verkaufserfolge jahrzehntelang schlichtweg ins Wanken.

Ganz anders Andersch: Auch seine Bücher verkaufen sich gut, und doch hat er stets mit dem Lebensunterhalt für sich und seine Familie zu kämpfen. Das lässt ihn auf Frisch, den Auflagenmillionär, mitunter verbissen wirken. Hinzu kommt Anderschs katastrophale gesundheitliche Verfassung, sein Diabetes und ein Nierenleiden, das seinen Aktionsradius mehr und mehr einschränkt, bis hin zu den insgesamt 103 Dialysen, denen er sich von 1977 an unterziehen muss und die ihn zwingen, in Zürich eine Zweitwohnung zu mieten. »Ja, es hat mich schwer erwischt«, berichtet er Enzensberger am 28. Februar 1978, »ich werde zweimal in der Woche an eine künstliche Niere angeschlossen. Was den Vorteil hat, dass es mit der Reiserei so ziemlich aus ist und ich nunmehr ein Leben à la Arno Schmidt zu führen gezwungen bin.«[16]

Unterdessen wird das Haus in Berzona für Frisch zum

Feriendomizil. Vor allem nach Amerika zieht es ihn immer wieder, und 1972 kauft er für sich und Marianne eine Wohnung in Berlin-Friedenau. Während sich Andersch vom Literaturbetrieb abschottet und die einstige Gruppe 47 zunehmend als peinlich empfindet, begibt sich Frisch entschieden wie niemals zuvor ins Zentrum ihres Nachlebens: Zu Uwe Johnson, Enzensberger und dem einst so misstrauisch beäugten Grass ist es im seinerzeit bei Künstlern beliebten Friedenau ein Katzensprung, und auch zu einigen Autoren aus Ost-Berlin ergeben sich enge Kontakte. Niemals zuvor nahm Frisch so aktiv am kulturellen Leben der Bundesrepublik teil wie jetzt, bis hin zu Treffen mit Bundeskanzler Helmut Schmidt, einer Chinareise in dessen Delegation und einer Rede auf dem SPD-Parteitag in Hamburg.

Auch Andersch versteht sich nach wie vor als politischer Schriftsteller. Zu Recht stellt Frisch in der Rede zu seinem 65. Geburtstag fest, dass »jede Würdigung seines literarischen Werkes«, die ihn entpolitisiere, »ein Hohn« wäre. Und doch hätte sich Andersch niemals auf einem Parteitag zu Wort gemeldet – zu wichtig war ihm seine Unabhängigkeit, ja, sie schien ihm geradezu eine Voraussetzung seiner literarischen Existenz. Allerdings sieht auch er in den Jahren der Krankheit vieles gelassener. Er scheint sich damit abgefunden zu haben, dass sich seine Kreise mit denen Frischs nur gelegentlich überschneiden. Sicher, es gab Zeiten, in denen er ihn als Freund überforderte; genauso wie es Zeiten gab, in denen ihm Frisch bewusst oder unbewusst zu viel zumutete. Doch letztlich hat sich ihre nachbarschaftliche Verbundenheit als beständig erwiesen.

Die Eintragungen in Anderschs Taschenkalender von 1979 betreffen fast ausschließlich seine Krankheit. Einmal, unter dem 12. April, findet sich der Name »Max«. Wahrscheinlich markieren diese drei Buchstaben eines der letzten Treffen der beiden. In der Nacht vom 20. auf den 21. Februar 1980 stirbt Andersch. Zwei oder drei Jahre später notiert Frisch in Berzona: »Wenn ich ins Dorf gehe, um Wein zu kaufen oder Butter, Eier, Käse (Fleisch gibt es in dem Laden nicht, Gemüse nicht immer) und wenn ich auf dem Weg die Witwe treffe, eine der vier Witwen im Dorf, die Witwe eines Freundes, bin ich manchmal versucht zu fragen: Und wie geht's denn Fred? Eine unerlaubte Frage, ich lasse sie.

ALFRED ANDERSCH 1914–1980.

Mein Grundstück grenzt an den kleinen Friedhof.«[17]

Alfred Andersch

Max Frisch

Briefe

1. Andersch in Stuttgart an Frisch in Zürich

6.3.1957

Sehr verehrter lieber Herr Frisch,
vor ein paar Tagen von meiner Reise zurückgekehrt, beeile ich mich, Ihnen zu schreiben und Ihnen nochmals dafür zu danken, daß Sie mir Gelegenheit gaben, mich mit Ihnen ein wenig zu unterhalten.[18]

Darf ich auch unsere Abmachungen fixieren?

Sie werden so freundlich sein, mir für den Süddeutschen Rundfunk Stuttgart das Erstsenderecht aus Ihrem Roman zu geben, d.h. wir möchten gern 45 Minuten bis eine Stunde im Programm der von mir geleiteten Redaktion Radio-Essay[19] aus Ihrem neuen Roman lesen lassen, und ich darf Ihnen dafür ein Gesamthonorar von DM 800,– (Verlagsanteil eingeschlossen) anbieten. Ich werde mich sehr freuen, Ihr neues Buch einem illustren Publikum im deutschen Südwesten zum ersten Mal vorstellen zu dürfen.

Wir werden, wenn Sie Ihre Arbeit an dem Buch abgeschlossen haben, wozu ich Ihnen viel Glück wünsche, ein bißchen miteinander beraten müssen, wie wir die Sendung machen, d.h. ob Sie selbst lesen oder ob wir dafür einen guten Sprecher verpflichten (Ginsberg[20] etwa?). Auch über den Termin müssen wir uns einigen.

Ich hoffe, daß Sie mir nach dem letzten Punkt in Ihrem Manuskript Nachricht geben.

An den Suhrkamp-Verlag habe ich gleichzeitig geschrieben.[21]

Mit freundlichen Grüßen
Ihr

A

(Alfred Andersch)

Typoskripte (Durchschläge) dieses Briefes, eine Seite, befinden sich im Historischen Archiv des SWR *(Textgrundlage) und im* DLA, *sowohl im Andersch-Nachlass als auch im* SUA.

2. Andersch in Stuttgart an Frisch in Zürich

Stuttgart N, Grünewaldstr. 34[22]
10. Juli 1957

Lieber Herr Frisch,
Sie erinnern sich vielleicht noch an unser Gespräch im Café Odeon über einen eventuellen Vorabdruck eines Ausschnitts aus Ihrem neuen Roman in ›Texte und Zeichen‹.[23] Alarmiert durch den Vorabdruck in der ›Neuen Zürcher Zeitung‹ habe ich sofort den Suhrkamp-Verlag angerufen, und nach zwei Telefonaten mit Herrn Dr. Guggenheimer habe ich den Auftrag erhalten, Ihnen zu schreiben, daß der Verlag an einer solchen Veröffentlichung in ›Texte und Zeichen‹ denkbar interessiert ist. Frage an Sie: wollen und können Sie mir aus Ihrem Manuskript einen Ausschnitt von ca. 400–500 Schreibmaschinenzeilen selbst heraussu-

chen, den ich in der Zeitschrift veröffentlichen kann? Das wäre die richtigste Lösung, denn Herr Suhrkamp möchte die Auswahl eines Ausschnitts nicht einfach mir überlassen, und da mir der Verlag andererseits jetzt nicht die gesamten Fahnen zur Verfügung stellen kann, ich mich dann auch erst über den zu wählenden Ausschnitt mit Herrn Suhrkamp verständigen müßte, würde die Prozedur zu lang dauern, sodaß es wohl das richtigste ist, man legt die Entscheidung in die Hände des Autors.[24]

Ich müßte diesen Ausschnitt zwischen dem 1. und 15. August erhalten, damit er in der Ausgabe vom 15. September erscheinen kann. Bitte schicken Sie mir das Manuskript an meine Ferienadresse Berzona, Valle Onsernone, Tessin.[25] Wählen Sie bitte einen stilistisch und inhaltlich möglichst schockierenden und gewagten Abschnitt.

Mit Dank im voraus und herzlichen Grüßen

Ihr

A

(Alfred Andersch)

Typoskript (Durchschlag) mit handschriftlichem Kürzel, eine Seite, SUA

3. Andersch in Berzona an Frisch in Zürich

Berzona, 16. 8. 1957

Lieber Herr Frisch,
das ist aber schon sehr schade, dass Sie an Berzona vorbeifahren mussten! Hätten Sie die Brechtianer doch ruhig mitgebracht![26]

Mit der »Homo faber«-Sendung machen wir es so: ich kann nicht schon Mitte September broadcasten.[27] Aber es bleibt bei unserer Abmachung, 800 westdeutsche Mark, für eine einstündige Sendung aus und um das Buch, nur dass ich Sie aus der Erstsendungs-Klausel entlasse. Sie können also ruhig mit anderen Sendern abschliessen – unser Ehrgeiz wird es dann sein, nicht die erste, sondern die beste Sendung über Ihr Buch zu machen. Das züricher [Ton-]Band fordere ich mir Anfang September, wenn ich wieder in Stoccarda bin, an.

Ich kann Sie auf der Rückreise in Zürich nicht sehen, weil wir drei Kinder dabei haben und auf dem schnellsten Weg nachhaus müssen. Aber im Herbst komme ich sicher mal wieder ins Cafe Odeon.

Herzliche Grüsse Ihres
(Alfred Andersch)

P.S.: Die erste Hälfte der 800 kann ich Ihnen Anfang September überweisen lassen, wenn Sie es wünschen, Postkarte genügt.

Typoskript (Durchschlag), eine Seite, Historisches Archiv des SWR

4. Andersch in Stuttgart an Frisch in Männedorf

26. Februar 1958

Lieber Herr Frisch,
anbei schicke ich Ihnen das Ergebnis von Helmut Heißenbüttels Beschäftigung mit Ihrem Werk.[28] Ich weiß nicht, ob Sie kritische Auseinandersetzungen mit Ihren eigenen Dingen lesen. Es gibt sehr bedeutende Leute, die es nicht tun und dabei gut fahren. Aber vorenthalten möchte ich es Ihnen jedenfalls nicht.

Man hat Herrn Heißenbüttel hier in der Presse angegriffen, weil er den Gegenstand seiner Kritik weder verdammt noch sakrosankt gemacht hat. Das ist hierzulande üblich.

Die Sendung befreit mich nicht von meinem Wunsch, nun einmal eine Sendung von Max Frisch, nicht über ihn, zu machen. Also frage ich an: was gibt es Neues an dramatischen oder epischen Arbeiten von Ihnen, aus denen wir unseren Hörern etwas präsentieren könnten. Vorige Woche

Gegen die Verfolgungen i

Eine Schriftsteller-Petition an Andrė

Die beiden Schriftsteller Max Frisch und Alfred Andersch haben im Namen und Auftrag von 34 weiteren Frauen und Männern des Geistes aus Deutschland, Oesterreich und der Schweiz eine Petition an den französischen Dichter und Kulturminister André Malraux gerichtet. In dieser Petition, deren Wortlaut wir im folgenden veröffentlichen, setzen sich diese Schriftsteller für ihre französischen Kollegen ein, die wegen ihrer Haltung im Algerien-Konflikt Verfolgungen von Seiten des Staates ausgesetzt sind.

Sehr geehrter Herr Minister,

die unterzeichneten Personen verfolgen mit hoher Anteilnahme die Vorgänge, die sich als Folge der Unterzeichnung einer «Déclaration sur le droit à l'insoumission dans la guerre d'Algérie» in Frankreich abspielen.

Es liegt uns fern, uns in die Ereignisse der französischen Geschichte einmischen zu wollen oder zu Fragen Stellung zu nehmen, die von Franzosen und von Franzosen allein entschieden werden müssen. Wenn wir uns heute an Sie wenden, so nicht, um zu der erwähnten «Déclaration» Stellung zu nehmen, sie zu befürworten oder sie abzulehnen.

Was uns mit Sorge erfüllt, ist jedoch die Tatsache, dass französische Schriftsteller, Journalisten, Künstler, Beamte, Lehrer und Philosophen von der Regierung Ihres Landes, der Sie, hochverehrter Herr André Malraux, angehören, verfolgt werden, weil sie die «Déclaration» unterzeichnet haben. Diese Verfolgungen erstrecken sich sowohl auf einzelne Persönlichkeiten, wie die Journalisten Robert Barrat und Jean-Claude Silbermann, die man eingekerkert hat, wie auf den gesamten Personenkreis der Unterzeichner. Die ihm angehörenden Beamten sind von ihren Stellungen suspendiert worden, während man dem französischen Rundfunk, dem Fernsehen und den staatlich subventionierten Theatern und Filmproduktionen verboten hat, die Schriftsteller, Schauspieler und Künstler zu beschäftigen, welche die «Déclaration» unterzeichnet haben. Offenbar ist es die Absicht, diese Menschen in den wirtschaftlichen Grundlagen ihrer Existenz zu treffen, ehe man prozessuale und polizeiliche Massnahmen gegen sie einleitet.

Wir müssen gestehen, dass es uns überrascht hat, zu sehen, dass in Frankreich Menschen verfolgt werden, weil sie eine Meinung geäussert haben. Wir wiederholen noch einmal, dass wir mit unserem Brief an Sie nicht zu dieser Meinung Stellung nehmen; einige von uns halten sie für richtig, andere für unrichtig, viele von uns kennen sie gar nicht genau. Uns interessiert lediglich die Tatsache, dass in Frankreich, einem Land, von dem wir gewohnt sind, es als Vormacht der Geistesfreiheit zu betrachten, solche Verfolgungen der freien Meinungsäusserung überhaupt

möglich sind. I
folgungen betr
nun einmal, m
von Ihrem gro
Traditionen be
heit in Frankre
Ländern Tür u
Feinden der F
einer Unterdrü
mit dem Hin
höhnisch zu beg
Aus dieser
unseren franzö
fen, wenden wi
Dichter Frankr
der «Déclaratio
deihen zu lasse
die Regierung,
wie sehr jeder
Frankreichs sch
dition unwürdi

Wann

Die Sicherhe
Abwicklung de
erleichtern. Um
jedes Fahrzeug
zu bleiben, und
Absatz 2 der
Motorfahrzeugfü
linien rechts de
Gebot nachgele
Bundesgerichtes
prüfen, wobei
waren.

An eine
Mittagsze
passtras
zweigu
Führe
sieb
Sic
an
ur
w
a

Zeitungsausriss, National-Zeitung, Basel, 15. November 1960 (MFA)

National-Zeitung

'rankreich

aux

sind auch wir von diesen Ver-
nn das Mass der Freiheit wird
für das kontinentale Europa,
nde und seinen freiheitlichen
ınd Einschränkungen der Frei-
n der Unterdrückung in andern
Zum mindesten bieten sie den
nlass, ihre Forderungen nach
s freien und kritischen Geistes
ıf französische Massnahmen

eraus und aus dem Wunsche,
'reunden und Kollegen zu hel-
eute an Sie, einen der grossen
t der Bitte, den Unterzeichnern
Schutz und Ihre Hilfe ange-
erwarten von Ihnen, dass Sie
angehören, davon überzeugen,
Unterdrückung das Ansehen
weil er der französischen Tra-

Mit dem Ausdruck des Dankes dafür, dass Sie unsere Petition zur Kenntnis nehmen werden, verbleiben wir mit vorzüglicher Hochachtung:

gez. Alfred Andersch (Deutschland), Max Frisch (Schweiz).

Namens und im Auftrage von Universitätsprofessor Dr. Theodor W. Adorno (D), Ilse Aichinger (Oe), Stefan Andres (D), Ingeborg Bachmann (Oe), Universitätsprofessor Dr. Karl Barth (Sch), Universitätsprofessor Dr. Max Bense (D), Heinrich Böll (D), Friedrich Dürrenmatt (Sch), Günter Eich (D), Hans Magnus Enzensberger (D), Gertrud Baronin von Le Fort (D), Leonhard Frank (D), Günter Grass (D), Hans Werner Henze (D), Wolfgang Hildesheimer (D), Universitätsprofessor Dr. Walter Jens (D), Uwe Johnson (D), Erich Kästner (D), Hermann Kesten (D), Marie Luise von Kaschnitz (D), Universitätsprofessor Dr. Eugen Kogon (D), Wolfgang Koeppen (D), Karl Krolow (D), Dr. h. c. Hermann Hesse (Sch), Universitätsprofessor Dr. Golo Mann (USA), Universitätsprofessor Dr. Walter Muschg (Sch), Hans Werner Richter (D), Luise Rinser (D), Paul Schallück (D), Inge Scholl (D), Arno Schmidt (D), Martin Walser (D), Otto F. Walter (Sch), Werner Weber (Schweiz).

f die Sicherheitslinie ü

unserem Bundesgerichtskorrespond

Lausanne, im November.

auf den Strassen so
hrs in beiden Fah
ehrssicherheit z
hm zufallend
n Sinne ve
rzeugv
uf S
n

erzählte man mir in Zürich, Sie seien an neuen dramatischen Arbeiten. Wäre es möglich, daraus etwas zu bringen, sei es als Ganzes oder in Teilen? Wir haben dafür eine Sendereihe, die sich ›Studiohörspiel‹ nennt. Aber das müssen Sie entscheiden. Ich würde mich jedenfalls sehr freuen.

In der Hoffnung, Sie bald einmal zu sehen,

Ihr
A

Anlage
geht gesondert.

Typoskript (Durchschlag), eine Seite, Historisches Archiv des SWR

5. Frisch in Uetikon an Gisela und Alfred Andersch in Berzona

28.8.59

Liebe Gisela Andersch
und Alfred Andersch!
Ich freue mich noch über die zwei Tage bei Ihnen, über die erste eigentliche Begegnung mit Ihnen Beiden[29]; der Gedanke, in dieser Welt behaust zu sein, ist dadurch wieder lebhaft geworden; Ingeborg[30] sieht überall Land (ohne Preis) mit eignem Wein, ein Haus dazu, das die Heinzel-

männchen ordnen, und auf Grund der Idee, dass ich als Butler nur insgeheim schreibe, scheint auch mir alles möglich.

———

Hier die versprochenen Bücher; ein Buch von »Graf Oederland« habe ich nicht mehr verfügbar.

———

Herzlichen Dank also und auf Wiedersehen

Ihr
Max Frisch

Handschrift, drei Blätter, drei Seiten, DLA

6. Andersch und Frisch in Uetikon: Begleitschreiben zum Offenen Brief an André Malraux, 1960

Alfred Andersch
Max Frisch
Uetikon bei Zürich (Schweiz)
Am Langenbaum / Tel. 740213

den[31]

Sie finden in der Anlage den Text eines Briefes an den gegenwärtigen französischen Minister für Kultur, Herrn André Malraux. Wir bitten Sie, sich zu überlegen, ob Sie sich in der Lage sehen, diese Petition zu unterstützen. Wenn ja, so bitten wir Sie, uns dies an die oben angegebene Adresse mitzuteilen und uns zu ermächtigen, dass wir den Brief auch in Ihrem Namen und Auftrag an Herrn Malraux übersenden. Als Bestätigung erhalten Sie eine französische Übersetzung, also den Originaltext der Petition.

Der Wortlaut des Briefes und die Namen der ihn Signierenden werden bei Absendung der Presse übermittelt werden.

Die namhaftesten italienischen Schriftsteller sind bereits in der gleichen Angelegenheit an Herrn Malraux herangetreten. Wir hoffen, dass es auch Ihnen möglich sein wird, diese Aktion der Hilfe für viele unserer französischen Freunde und Kollegen zu unterstützen.

Da die Sache eilig ist, bitten wir Sie, uns Ihre Antwort so schnell wie möglich, spätestens aber bis zum 5. November 1960 an die oben angegebene Adresse zu übersenden.

Wir begrüssen Sie freundschaftlich:
Alfred Andersch Max Frisch

Typoskript (Durchschlag) mit handschriftlicher Korrektur, eine Seite, DLA, *der Wortlaut der Anlage entspricht den Veröffentlichungen des Briefes (siehe S. 34f.)*

7. Frisch in Rom an Andersch in Berzona

Max Frisch Rom, den 5. Dezember 1960
Via Giulia 102
R o m a
Tel.: 65.46.30

Lieber Alfred Andersch,
Das ist nicht der Brief, den ich Ihnen versprochen oder angedroht habe.[32] Ob der jemals zustande kommt, weiss ich noch nicht. Nachdem Leute wie Holthusen sich auf Ihr Buch gestuerzt haben, faellt es mir schwer, unter Freunden nochmals auf gewisse[33] Dinge hinzuweisen, deren sich der boese Blick bereits bemaechtigt hat. Sie missverstehen mich nicht, ich bin nicht einverstanden mit Neumann und Holthusen; was ich Ihnen haette sagen wollen, kommt aus einer kollegialen Verzweiflung an der Literatur.[34]

Ich schreibe Ihnen heute, weil noch einige Unterschriften verspaetet eingetroffen sind und uebergebe Ihnen ordnungshalber diese Dokumente.[35] Herr Malraux hat bisher nicht geantwortet, dabei wird es wohl bleiben. Hingegen hat Schallück mit begreiflichem Verdruss geschrieben, dass sein Name nicht auf der publizierten Liste zu finden sei. Ich weiss nicht, wo dieses Versehen unterlaufen ist, habe mich aber bei Schallück ausgiebig entschuldigt. Damit ist die Sache so weit, dass das uebliche Gras darueber wachsen kann.[36]

Hier in Rom geht es gut. Vorlaeufig bin ich allein, Arbeitsklausur, womit ich noch nicht gesagt haben will, dass mehr passiert, als eine Orgie von Fleiss. Ich denke, dass wir einige Zeit hier bleiben, sicherlich nicht fuer immer.

Wie geht es mit dem Stueck?[37]

Herzlich
Ihr Frisch

Typoskript mit Unterschrift, eine Seite, DLA

8. Ansichtskarte Frisch, »Delphi Charioteer«, vermutlich in Zürich abgeschickt, an Andersch in Berzona

[vermutlich am 9. 6. 1961 abgeschickt]
Lieber Alfred Andersch!
Dass Sie's gemacht haben – das Porträt[38] – und wie Sie es gemacht haben, freut mich herzlich. Dank! Ich verbrachte den Tag in einer griechischen Bucht mit Wein, Brot, Ziegenkäse und Kirschen.[39]

Herzlich Ihr Frisch

Das Foto von Frau Gisela ist grossartig

Handschrift, DLA

9. Andersch in Berzona an Frisch in Rom

2.6.1963

Lieber Herr Frisch,
mein erster Brief nach der Rückkehr ins Tessin gilt Ihnen[40], und nicht nur, um Ihnen zu bestätigen, dass Sie das von mir gemietete Atelier in der Via Margutta 53 B rechtens übernommen haben, was hiermit geschieht.[41] Es gilt als ausgemacht zwischen uns, dass Sie die Rechte und Pflichten aus dem zwischen der Titania und mir geschlossenen Vertrag wahrnehmen (wir haben von einer Übertragung des Vertrags auf Ihren Namen nur aufgrund der besonderen italienischen Verhältnisse abgesehen); auch bestätige ich Ihnen, dass Sie das gesamte darin befindliche Inventar, so weit es von mir angeschafft wurde, zum Preis von Lit. 250000.– übernommen haben. In diesem Betrag eingeschlossen ist der Betrag von Lit. 80000.– als Hälfte des von mir bezahlten Deposito. Ferner haben Sie rund Lit. 40000.– für die Installation des Telefon[s] an mich bezahlt. Anfang[42] nächsten Jahres soll geklärt werden, was zum Kündigungstermin des Vertrages geschehen soll. (Ich weiss übrigens gar nicht, wie dieser Termin liegt, weiss nur, dass der Vertrag zum 15. März ausläuft.) Falls Sie das Atelier weiter zu behalten wünschen, sollte bei einer Vertragsverlängerung der Vertrag dann doch wohl auf Ihren Namen umgeschrieben werden.

Genügt Ihnen das als Bestätigung? Wenn nicht, dann schreiben Sie mir bitte! –

Am letzten Abend in Rom wurde meiner Frau von einem kühnen Briganten noch die Handtasche, die neue, geraubt, vom Stuhl eines Lokals auf dem Aventin weg, so dass wir einigermassen perplex Rom verliessen. Aber wir tragen's der Stadt nicht nach. Immerhin geniessen wir Berzona doch sehr. Gestern haben wir Zinnien und Verbenen gepflanzt. Vigorelli schweigt, was ihm sicher hart ankommt, denn er schweigt doch so ungern.[43] Wir denken mit grosser Freude an die Max- und Marianne-Wochen in Rom zurück.[44] Hoffentlich haben Sie jetzt dort und in Sperlonga eine schöne Zeit. Sehr herzliche Grüsse und Wünsche von Gisela und Ihrem

A

Typoskript mit handschriftlichem Kürzel, eine Seite, MFA

10. Ansichtskarte Frisch und Marianne Oellers in Sperlonga an Gisela und Alfred Andersch in Berzona

3. VI. [1963]

Meine Verehrten! Froh, aus der Notaris-Wohnung (mit schwerem Deposito-Verlust) wegzusein[45], beginne ich hier das Sommerleben barfuß und barbuto, ein Held, wenn ich hier wirklich arbeite. Dankbar, Sie in Rom getroffen zu haben, herzlich

Ihr Frisch

Als Heldin schließe ich mich an – herzlich Ihre Marianne

Handschrift, DLA

11. Frisch in Sperlonga an Gisela und Alfred Andersch in Berzona

Sperlonga, 24.7.63

Liebe Gisela Andersch, lieber Alfred Andersch.
Ingeborg schreibt mir aus einem Berliner Krankenhaus, sie werde mit der Behauptung konfrontiert, dass sie nach Rom gefahren sei, dort in die Wohnung eingedrungen sei und wertvolle Manuskripte, Tagebücher etc. verbrannt habe, unabsehbarer Verlust, Schaden etc.

Ich schreibe Ihnen, um das Unsinnige dieses Gerüchtes sofort aus der Welt zu schaffen, Ihnen, nicht weil ich im mindesten denke, dass Sie das Unsinnige angerichtet hätten; aber weil ich Ihnen gegenüber in Rom erwähnt habe, was Ingeborg mir gerade damals mitgeteilt hat, nämlich dies: Ingeborg habe in der Uetikon-Wohnung ein privates Tagebuch von mir aus dem Jahr 59 gefunden und laut ihrer eignen Aussage vernichtet.[46] Dabei betonte ich, dass dieses Tagebuch, geschrieben in meiner Gelbsucht-Krankenzeit, keinerlei literarischen Wert habe. Dass ich diesen Tatbestand überhaupt erwähnt habe, war sicherlich, auch wenn kein solches Gerücht daraus geworden wäre, ein unseliger Akt von mir, ein Akt des Zorns. Die gleiche Erwähnung machte ich gegenüber Unseld. Ich war zwei oder drei Tage lang, wie Sie haben sehen müssen, in einem sehr exaltierten Zustand, und meine Schweigekraft war plötzlich erschöpft. Nun bitte ich Sie um zweierlei. Erstens um Verzeihung, dass ich Sie beide, als Freunde von Ingeborg, durch Mitwissen verstrickt und in eine unleidige Lage gebracht habe. Man dürfte, was ich getan habe, nicht tun. Man belastet damit nur die andern, ohne sich selbst dadurch zu helfen, und darum bitte ich um Verzeihung. Und zweitens: begraben Sie es in Schweigen, was ein Leichtes sein dürfte, da es für jeden, der da nicht persönlich verschuldet ist, Tag für Tag besprechenswertere Vorkommnisse gibt. Oder wenn das Gerücht mit seiner unsinnigen Aufbauschung und Erfindung auf Sie zukommt, stutzen Sie es, sagen Sie, es ist nicht so, Sie wissen es, Punkt. Und wenn Sie sehr liebe Freunde sind, halten Sie zwei Mal den Daumen, einmal für Ingeborg, einmal für mich.

Sperlonga ist schön, aber sehr heiss; trotzdem arbeite ich täglich meine vier Stunden. Wenn ich im August durchs Tessin rolle, rufe ich Sie an. Ich hoffe Sie beide wohlauf.

Herzlich Ihr Frisch

Typoskript mit Unterschrift, zwei Blätter, zwei Seiten, DLA

12. Andersch in Berzona an Frisch in Rom

[vermutlich 31. Juli 1963]

Lieber Herr Frisch,
besten Dank für Ihren Brief an meine Frau und mich. Wir haben seit unserer Rückkehr aus Rom keinen Menschen aus der »Branche« getroffen, mit Ausnahme des Feuilleton-Redakteurs Suter[47] von der WELTWOCHE vor drei Tagen. Es ist also schon technisch gänzlich ausgeschlossen, dass die Gerüchte, die aus dem berliner Krankenhauszimmer zu Ihnen drangen, von uns kommen. Sollte irgendjemand uns

dies unterstellen, so müsste ich ~~dies~~ Sie bitten, mir das zu sagen, damit ich mich dagegen wehren kann. In jedem Fall können Sie Leuten, die dies behaupten, sagen, sie seien Lügen aufgesessen oder selber Lügner.

Herr und Frau Suter (mit denen wir übrigens nur ganz oberflächlich bekannt sind) ~~meinten~~ sprachen, als das Gespräch auf Sie kam (wir erzählten von der Uebernahme des Ateliers durch Sie), natürlich von der »armen Ingeborg«. Ich habe darauf nur kurz erwidert, von uns aus gesehen stelle sich das Problem denn doch ein wenig anders dar. Damit war dieser Teil der Unterhaltung beendet. Sie sehen, wir verhalten uns ganz so, wie Sie es wünschen. Selbstverständlich bin ich Ihnen nicht böse, dass Sie uns nocheinmal um Diskretion gebeten haben.

Ich habe natürlich meine persönliche Meinung zu der ganzen Angelegenheit, und die kennen Sie. Auch halte ich nicht dafür, dass Sie in jenen Tagen in Rom sozusagen ausser Sinnen waren – meiner Meinung nach haben Sie durchaus richtig reagiert. Im Uebrigen respektieren wir völlig, dass dies Ihre Angelegenheit ist. –

Hier ist schönes Wetter, nicht zu heiss, und wir können gut arbeiten. Wir würden uns sehr freuen, wenn Sie im August nicht an uns vorbeirollen täten. Ich bin immer zuhause, ausser am 19. und 20. August. An diesen Tagen bin ich in Zürich. – Ihnen und Marianne herzliche Grüsse, auch von meiner Frau!

Ihr

A

Typoskript (Durchschlag) mit hs. Kürzel, eine Seite, DLA

13. Max Frisch und Marianne Oellers: Einträge im Poesiealbum von Annette Andersch

»Böse Menschen haben keine Lieder« – nur Prosa: und vielleicht ein Schwimmbecken in Berzona – dann auf Wiedersehen – die liebe Annette[48] wird es einweihen!

Max Frisch

18. VIII. 1963[49]

[Eingeklebtes Foto]
liebe An[n]ette, in der 3. Reihe rechts siehst Du meinen Großvater und unter dem Tisch mich in jungen Jahren herzlich

Deine Marianne Oe

Handschrift, zwei Seiten, Privatbesitz Annette Korolnik

14. Frisch in Rom an Andersch in Berlin

21. I. [1964]

Lieber Alfred Andersch, –
hier ein Brief für Sie, ich hoffe: eine frohe Botschaft.[50] – Wir kränkeln ein wenig. Und viel Unruhe mit Menschen, wenig rechte Arbeit; ich beneide Sie um die Arbeit am Roman[51]. –

Herzlich Ihr

Frisch

Handschrift, eine Seite, DLA

15. Marianne Oellers und Frisch in Rom an Andersch in Berlin, Telegramm, 4. Februar 1964, 16.55 Uhr

ALFRED ANDERSCH AKADEMIE DER KÜNSTE BERLIN = Hanseatenweg 10[,] zustellen Meinekestr. 15. Hotel Zellermeier

64940C ROMA I

DASS SIE ZUFRIEDEN SIND MIT DER ERSTEN HALBZEIT[52] UND SICH VIEL VERSPRECHEN VON DER ZWEITEN WUENSCHEN IHNEN VON HERZEN

DIE FRISCHEN NACHBARN +

Telegramm, DLA

16. Andersch in Berlin an Frisch in Rom

Berlin, Akademie der Künste, Hanseatenweg
14.2.1964

Lieber Herr Frisch,
der 50. Geburtstag ist sanft an mir vorbei gegangen. Zuerst dachte ich, ich könnte ihn unterschlagen, aber dann wurde er doch ein Blumen-, Flaschen-, Schallplatten- und Telegramm-Tag (darunter das Ihre, über das ich mich besonders gefreut habe). Jetzt ist er vorbei und ausgestanden. Ich las einen Satz von Nestroy: »Jetzt hör ich schon das Gras

wachsen, in das ich einmal beissen werd'.«[53] So etwa reagiere ich auf das Datum, ohne dass es mir unangenehm wäre.

Wir kamen nur mit Mühe in das uns zugesagte Atelier[54] und als wir es schliesslich besiedeln durften, fand sich zwar ein Louis Quinze-Sofa und ein Schinkel-Sofa darin, aber kein Arbeitstisch, kein Stuhl, keine Staffelei, nichts, nichts, nichts.[55] Nun, wir haben zwei grosse Reissbretter und Böcke gekauft, eine Staffelei und Stühle geliehen, auch Lampen und was so dazu gehört, und jetzt ist es prächtig und wir können arbeiten. Westlich das Hansaviertel, ~~links~~ östlich der Park des Palais, in dem Bundespräsidentens spazieren gehen, wenn sie in Berlin sind.

Deutsches Mäzenatentum also. Ich weiss nicht, ob ich's Ihnen wünschen soll. Obwohl ich ein paar Leuten hier gesagt habe, man solle einmal Sie einladen, Sie und Böll und noch ein paar, statt der unsäglichen Leute, die hier sind und deutsche Literatur spielen.[56] Gottseidank verläuft sich das meiste wieder, die Stadt ist doch gross genug. Und obwohl sie ihren eigenen Reiz hat, hat man nicht, wie in Rom, das Gefühl, dass man jeden Moment auf die Strasse laufen müsste. Man kann also arbeiten. Aber wir werden wohl doch nicht hier eine Nebenwohnung errichten. Berzona zieht zu stark. Und wenn wir, Annettes Schule wegen, einen städtischen Anhaltspunkt für die nächsten Jahre brauchen, so wird es doch eher Milano oder Zürich sein.

Marta und Terribilini[57] schreiben uns[58] vom wolkenlosen, meerblauen Wetter in Berzona. Wir sehen Ihr Haus wachsen, unten im Kastanienwald. Ist es schon so weit? Wenn ja, können wir Ihnen in irgendeiner Weise behilflich sein? Wir freuen uns sehr auf künftige Nachbarschaft. (Wir werden bis Ende April hier bleiben, wenn wir es so lange aushalten.)

Und Marianne? Wie sind ihre Gefühle in bezug auf das Onsernone-Tal?

Berlins Literatur-Welt zog an uns vorüber. Grass, seine showmanship mir gegenüber zügelnd, Uwe Johnson, ein pedantischer Lümmel, Schnurre mit dem Mauer-Komplex, Hans Werner Richter, das Genie der Bonhommie, Höllerer, mit Eleganz[59] das Klavier des Betriebs spielend, Ernst Schnabel, Friedrich Luft etc. etc.[60] Gestern Nachmittag besuchte uns Ingeborg überraschend, als Schnurres gerade bei uns waren, und lud uns für Sonntag Nachmittag zu sich ein. Sie wohnt Königsallee 35.[61] Das ist so ungefähr die schickste Adresse, die man in Berlin haben kann. Feinster Grunewald. Ich geh' nur ungern hin (was mit Ihnen, lieber Max Frisch, gar nichts zu tun hat, ich mag nur einfach diese fein verhohlene Welt nicht).

Wie sieht's in Rom aus? Wie steht es mit der Miete für das Atelier, können Sie bleiben? Wollen Sie bleiben?

Ihnen und Marianne herzliche Grüsse, besonders natürlich auch von Gisela,

A

Typoskript (Durchschlag) mit handschriftlichem Kürzel, eine Seite, DLA

17. Frisch und Marianne Oellers in Rom an Andersch in Berlin

Rom, 20.2.64

Lieber Alfred Andersch,
wir haben uns über Ihren Bericht aus Berlin sehr gefreut. Ich überarbeite nun hoffentlich wirklich zum letzten Mal meinen Roman.[62] Dann, ja, was dann? Das Atelier war angenehm, eine Vertragsverlängerung[63] war nicht zu erhalten, nur mündliche Zusage, man könne vorderhand bleiben. Nun habe ich eben, da mir dies zu vage ist, etwas anderes gemietet im gleichen Haus, oben, ein Apartment mit ebenso grossem Studio (aber mit Balkon) und zwei Zimmern gegen Süden, fantastisch. Einzug am 15. März. Also räume ich das Atelier dann. Nun brauche ich von Ihnen eine Beglaubigung, dass das diposito an mich zurückerstattet werde. Wir rechnen dann ab untereinander. Also bleiben wir, da Berzona langsam gedeihen wird, vorderhand in Rom, kommen aber öfter nach Berzona, denke ich, um zum rechten zu sehen. Oder möchten Sie das Atelier wieder übernehmen? Dann rufen Sie mich an. Dann noch eine Bitte: Wer hat so trefflich Ihren Umzug gemacht? Bolliger? Ich brauche, wenn das nicht zu teuer wird, einiges aus Zürich, bevor es dann nach Berzona kommt. Also Bewegung. Aber ich freue mich auf Berzona und Marianne freut sich auch, wenn eine Absteigebude in Zürich dazugehört; also der verlorene Sohn –

Sonst gibt's hier nichts Neues.

Die Londoner Aufführung war mässig, eigentlich falsch, dieser Naturalismus, den ich nicht meine, aber offenbar vom Text her zulasse, also verschulde; man muss anders schreiben. Ich möchte es versuchen. Die Begegnung mit Beckett, das war aber eine Belohnung; das ist ein grosser Mann.[64]

Wenn Sie mir, genötigt durch meine zwei Bitten, ein paar Zeilen schreiben: GANTENBEIN, was halten Sie von diesem Titel, denn der erste ist gefallen.

Ihnen und Gisela, die wir uns beide in Arbeitswonne denken, unsere herzlichen Grüsse

Ihr
Frisch

[auf der Rückseite]
Lieber Alfred Andersch,
ich will Ihnen nur schnell sagen, daß mich Ihr »pedantischer Lümmel« so gefreut hat; das tat mir wohl, weil ich immer eine Kurzformel für U.J. suchte, aber nicht fand.[65] Jetzt kann ich meinen Ärger über ihn endlich zur Ruhe setzen, lächelnd, und wohlwollend denkend, daß ihm noch ein gutes Buch gelingen darf, trotzdem.

Herzliche Grüße an Gisela und Sie
Ihre Marianne

Typoskript mit Unterschrift und handschriftlichem Zusatz von Marianne Frisch, ein Blatt, zwei Seiten, DLA

18. Andersch in Berlin an Frisch und Marianne Oellers in Rom

Berlin, Akademie der Künste,
Hanseatenweg 10
25.2.1964

Lieber Max Frisch,
heute nur das Nötigste – wir sind in einer rechten Druck-Situation und werden Mitte März abbauen, abhauen. Dies hier ist ein Zirkus. Und nicht einmal ein unterhaltsamer. Was hier so deutsche Literatur spielt! Ich sehe jetzt einiges klarer. Doch über all das mündlich.[66]

Selbstverständlich, die deposito-Vollmacht. Aber: ich kann hier keinen einwandfreien Vollmacht-Text verfassen. Sie überschätzen meine Italienisch-Kenntnisse. Mein Vorschlag: können Sie mir so einen Wisch, von einem gesetzeskundigen Italiener verfasst (sie sind ja alle, alle so gesetzeskundig!) herschicken, und ich unterschreibe ihn dann. Oder, noch besser: Sie fälschen darunter meine Unterschrift! (Wir sind doch keine Bürger.) oder, am allerbesten: ich lege diesem Brief ein Blatt mit meiner Unterschrift bei und Sie setzen darüber den Text der Erklärung.

Unser Spediteur: Bolliger. In der Tat erstklassig!

GANTENBEIN. Kein schlechter Titel. Ich kenne das Buch nicht, kann daher nicht definitiv urteilen. Phonetisch ist das nicht schlecht, würde auch gut zu STILLER und HOMO FABER passen. Frage: ein bisschen müssen Sie auch aufs Internationale sehen. Ist da GANTENBEIN nicht zu deutsch und schweizerisch? Bei einem sehr guten Buch ist die Titelfrage übrigens fast gleichgültig. Das Buch gibt dann dem

Titel die Qualität. (»Buddenbro[o]ks« – »Ulysses« – »Der Prozess« sind doch eigentlich recht flaue Titel.)

Erlauben Sie, dass ich hinsichtlich Ihrer ANDORRA-Selbstkritik anderer Meinu[n]g bin. Wenn ANDORRA überhaupt eine strukturelle Schwäche ~~ist~~ hat, dann liegt sie in der Parabel-Form, nicht in der Sprache. Das Thema, Antisemitismus, zwingt Sie zu einer Parabel-Form, verhindert also eigentliche Handlungs-Spannung. Kleine, punktuelle Spannungs-Explosionen können nur innerhalb eines an sich spannungslosen Parabel-Ablaufs passieren, also in Einzelszenen, nicht im ganzen Stück. Als theatralische Parabel ist es meisterhaft und ich wüsste nicht, was da durch einen anderen Sprachduktus zu gewinnen wäre. Ich glaube, es gibt wohl keinen grösseren Beckett-Verehrer als mich, aber ich werde niemals einen Versuch machen, mich der ganzen Richtung formal zu nähern. Ich bin nun mal einen Augenblick lang ganz plump und unverschämt, indem ich Sie anflehe, »naturalistischer« zu schreiben. Nein, man kann das gar nicht so sagen, weil in der ganzen Terminologie, die wir da brauchen, zuviele Möglichkeiten des Missverständnisses liegen.

Neidisch, aber ohne Missgunst, gratulieren wir Ihnen zum neuen Margutta-Atelier.

Sehr herzlich, Ihr

P.S.: Sie wissen doch, dass Sie jederzeit in Berzona in unserem Haus wohnen können, so lange wir nicht da sind!

Liebe Marianne,
meine Definition von Uwe Johnson ist recht höflich gewesen. Das Verabscheuenswürdige an dem Milieu hier liegt aber nicht so sehr in dem einzelnen Individuum, sondern in der Gesamterscheinung, ~~das~~ die es bildet. Von der Gruppe 47 habe ich jedenfalls genug. Ich habe die Herren ja noch nie ausserhalb der Tagungen in Aktion gesehen. Freundliche Grüsse, auch von meiner Frau,

Ihr

Typoskript (Durchschlag), eine Seite, DLA

19. Frisch in Rom an Andersch in Berlin

2.4.64

Lieber Alfred Andersch,
wir sind also in der neuen Wohnung, die wunderbar ist, und geniessen es sehr – abgesehen von der Schererei, die diese Welt immer macht, sobald man sich etwas bewegt. Ihr Atelier wird jetzt ein Teppichhändlermagazin. Ist das nicht jämmerlich? Und der Hund kann somit nichts von alldem, was ich gern weiterverkauft hätte, übernehmen. Den Schrank verschenke ich an die Bachér, die übrigens ein schönes Buch geschrieben hat; ich las es dieser Tage als Manuskript.[67] Und mit dem Boiler kann ich auf die Porta Portese[68] gehen. Und das Telefonamt weiss nichts von diposito. Leider muss ich Sie, da das Telefon auf Ihren Namen lau-

tet, nochmals bemühen: um Unterschrift auf dem beigelegten Formular. Wegen der Titanus: Ihre vertrauensvoll gegebene Blanko-Unterschrift hat Marianne missbraucht, nicht um damit eine Robe zu bestellen, sondern sie hat's als Notizzettel genommen und verkritzelt, sodass ich Sie, Verzeihung, nochmals um eine Beglaubigung bitten muss: dass das diposito von 160000.– Lire an mich auszuzahlen ist. Wohin soll ich die 80000.– Lire dann überweisen? ... Aber sonst, wie gesagt, geht es hier sehr gut. Wenn Sie mal kommen, haben wir Gastzimmer für zwei Leute, später einmal vielleicht auch die ganze Wohnung, wenn ich auf Reisen bin. Vorerst muss ich sitzen bleiben, um Korrekturen zu lesen.[69] Am 12. bis 14. bin [ich] vielleicht kurz in Berlin, aber sagen Sie's niemand; inkognito, als Architekt, der im Hinblick auf den Wettbewerb für das neue Zürcher Schauspielhaus einiges besichtigen muss.[70] Ich bin ja gespannt, was Sie einmal von Berlin erzählen werden. Haben Sie aber arbeiten können? Und Gisela auch? In Berzona beginnen wir, so sieht es aus, im Juni, dann werde ich hin und wieder dort auftauchen. Uebrigens hat der Widmer[71] mich doch hereingelegt; mein Grundstück, jetzt vermessen, beträgt nicht 9000 m^2, sondern genau 6000 m^2. Dafür hat er mir 15000 Franken gelassen, mehr nicht; eine kostbare Sache also. Aber gut. Komme mir fast als Wohltäter vor, indem ich die Bodenpreise in Berzona gehoben habe ... Rom gefällt uns wieder sehr, es grünt und blüht, und wenn's nicht regnet, fahren wir offen, Mittagessen in Anzio. Man wird einmal Heimweh haben nach Rom. Haben Sie keins? Im Augenblick habe ich vorallem Heimweh nach Arbeit, möchte einmal ein Stück schreiben, ein gutes, oder ein

Buch. Was man so Ideen nennt, nun ja, das gibt's immer, aber man vermählt sich immer zögernder.

Ihnen Beiden das beste!
Herzlich Ihr
Frisch

Typoskript mit Unterschrift, zwei Blätter, zwei Seiten, DLA

20. Andersch in Berzona an Frisch in Rom

8.4.1964

Lieber Max Frisch,
Ihr Brief wurde mir aus Berlin nachgesandt, ich bin schon vor 3 Wochen von dort geflohen, weil ich da nicht arbeiten konnte, in diesem widerwärtigen Literaturzirkus. Vorgestern kam auch meine Frau hier an, sie musste noch 2 Wochen länger in Berlin bleiben, weil sie ein grosses Bild angefangen hatte, sie hat also arbeiten können – Frauen haben ein anderes Nervensystem. Sie finden uns nun die ganze Zeit hier und wir freuen uns auf Ihr[e] und Mariannes berzoneser Besuche.

Dank für Ihren Brief. Es tut mir sehr Leid, dass Sie von den Teppichhändlern so ekelhaft behandelt wurden – nun, es sind eben Teppichhändler. Anbei der Zettel wegen des deposito; ich hab ihn so gut gemacht wie ich konnte. Wegen der 80000.– Lire, darüber bitte kein Wort! Erstens einmal wissen Sie gar nicht, ob Sie das Geld überhaupt bekommen, zweitens wäre es reichlich abgegolten, wenn Sie uns einmal in Ihren Gästezimmern wohnen liessen. Vorläufig ist das freilich gar nicht »drin«, denn nun muss ich wirklich an den Roman[72] ran, nachdem mich Berlin nocheinmal 2 Monate Zeit gekostet hat.

Ärgern Sie sich nicht zu sehr wegen Widmer. Wenn der Kapitalismus und seine Inflation so weiter geht, – und er wird –, dann ist's doch eine gute Kapitalanlage. Die Zeit wird kommen, wo man uns für unsere Berzona-Besitztümer die höchsten Preise anbieten wird.

Herzliche Grüsse von uns Beiden an Sie Beide!

Ihr Alfred Andersch

Handschrift, ein Blatt, zwei Seiten, MFA

21. Frisch in Rom an Andersch in Berzona

26.4.64

Lieber Alfred Andersch,
ich danke Ihnen noch für die Zusendungen (wegen TITANUS-diposito, das ich noch immer nicht ausbezahlt bekommen habe: darf aber morgen nochmals vorsprechen) und für Ihren Berlin-Berzona-Bericht. Inzwischen war ich kurz in Berlin, bin begeistert von der neuen Philharmonie.[73] Wie erging es Ihnen in diesem Raum? Seit Ronchamp hat mich kein Innenraum so überzeugt, erlöst wie dieser.[74]

In Frankfurt platzte ich dann doch in die Literatur, eine Nacht mit Walser-Johnson-Grass-Enzensberger, leider gab's die ganze Nacht lang Wein.[75] »Frisch von der Leber weg«, das ist gefährlich und dumm, nachher weiss ich dann nicht, was ich jedem einzelnen gesagt habe, ich fürchte: alles was ich über ihn denke. Diese Anfälle epileptischer Offenheit machen mir ernstlich Sorge. Wenn Sie je zugegen sind, giessen Sie mir ein[en] Kübel kaltes Wasser über den Kopf. Man sieht mir, höre ich, nicht ohne weiteres an, dass ich dann betrunken bin, wie betrunken. Ich muss zur Milch übergehen. Das Erfreulichste war die Philharmonie, das Erdrückendste dann ein Tag im Auschwitz-Prozess.[76] Sind Sie einmal dort gewesen? Wir kommen demnächst nach Berzona, am 17. Mai, wir sind wieder im Tamaro[77]; werden Sie und Gisela in Berzona sein? Danach, im Juni, soll die Bauerei anfangen.

Herzlich grüsst Sie und Gisela
Ihr Frisch

Typoskript mit Unterschrift, eine Seite, DLA

22. Andersch in Berzona an Frisch in Rom

Berzona, 19. Juli 1964

Lieber Max Frisch,
ich bin ein langsamer Leser, und ausserdem schnappte Gisela mir gleich den ›Gantenbein‹ weg und las ihn zuerst, und so komme ich erst heute dazu, Ihnen zu schreiben und

dafür zu danken, dass Sie mir das opus gleich zusandten.[78] Um mit einem understatement zu beginnen: ich habe die dafür aufgewendete Zeit nicht bedauert. Formal ist Ihnen da etwas Ausserordentliches geglückt: ein Roman, der ein Roman ist, obwohl er aus nichts als Episoden, Stories, aus Bruchstücken besteht. Das Problem der »Rahmen-Erzählung«, eigentlich in Jahrhunderten westlicher Literaturgeschichte ungelöst, ist hier einmal ganz souverän angefasst und entknotet, zauberhaft, wie das schon in der Exposition, in den ersten 30 Seiten, deutlich wird. Natürlich geht das nur, weil es sich um das manische Umkreisen eines Themas handelt, aber wegen der Lockerheit der Behandlung merkt man das Besessene nicht, wenigstens nicht sofort. Im zweiten Teil weiss man dann nicht, ob es Ihnen überhaupt noch auf die Strenge oder die Lockerheit der Form ankommt, um das beurteilen zu können, müsste man das Buch mit philologischer Genauigkeit untersuchen. Auch[79] mutet es an wie eine musikalische Suite, mit schnellen und langsamen Sätzen, von denen mir die subjektiv und objektiv erzählten lieber sind, als einige ganz wenige, wo Sie ins Predigen kommen, wie zum Beispiel in der Flugzeug-Meditation S. 206–211, bei der ich die direkte Anrede-Form (»Ihr«) als störend empfinde. Solche Unterbrechungen wiegen gering neben der Flut von herrlichen Einfällen, Erzählstücken, Badinerien, die Sie nur so hinwerfen, so das mehrfach wiederkehrende traurige kleine Motiv S. 26/27, der Brillenkauf S. 36, die Ausstellung des Blindenscheins, S. 62, die hinreissende Piz Kesch-Geschichte, S. 78, die Bäcker-Story, S. 170, Ali, S. 249, (Sie sehen, ich lese schon wie ein Lektor!) und natürlich die grosse Wasserleichengeschichte am Schluss. Und wie nun diese Dinge mit den Lila-Kapiteln verbunden sind! Sie sind ein Meister. Ein Meister, der sich manchmal, an einigen Stellen, etwas mehr Zeit hätte lassen sollen; an Stellen, wo's dann mit dem grossartig hingewischten »Ich stelle mir vor« usw. nicht geht, wo man's sich doch etwas ausführlicher gewünscht hätte, wo der Dramatiker, der es gewohnt ist, eine Situation ganz einfach und selbstherrlich zu sehen (weil sie ja auf der Bühne steht!) mit dem Prosaisten durchgeht. Aber vielleicht irre ich mich da.

Ich hoffe, Ihr Buch zwingt die Leute, nicht nur über dessen Form zu reden, sondern auch über den Inhalt. Nun haben wir also Lila. Grausamer ward nie ein weibliches Insekt beobachtet. ~~Sie ist überall~~ Die Beobachtung wirkt überall überzeugend, wo sie nichts bleibt als Beobachtung. Und wo Gantenbein sich in der Beobachtung spiegelt. Wo das Detail zum Allgemeinen sich wendet, folge ich Ihnen nicht. Die Damen, und sogar die Ehe, bieten uns auch einige Vorteile. Es gibt auch einen natürlichen Hang zur Monogamie, wie zu ihrem Gegenteil. Nicht, dass mir das Positive fehlte! Aber vielleicht fehlt an einigen Stellen der <u>Grund</u> der ganzen Misere, oder der Abgrund: es wird nicht exponiert, warum Gantenbein sich überhaupt auf ein solches Leben einlässt, und warum er in gewissen Situationen nicht aufsteht und fortgeht, zum Beispiel beim Warten, ob die Contessa zum Essen kommt oder nicht. Doch das sind Einwände gegen Ansichten, sie zählen nicht einem gelungenen Werk gegenüber. Ich wünsche Ihrem Buch ein freundliches Schicksal!

Es ist heiss hier, teuflisch heiss. An Ihrem Haus unten

im Wald wird gearbeitet. Ich schwitze über meinem Roman[80], den die Hitze im Moment etwas lahm legt, und lese die Note-Books von Henry James, der ein glücklicher Mann gewesen sein muss, weil er 1.) in London lebte, 2.) im 19. Jahrhundert schrieb und 3.) nie eine Frau berührt hat.[81] Sie mögen aus diesen Konklusionen sehen, wie sehr mich Ihr armer Herr Gantenbein beschäftigt.

Mit herzlichen Grüssen, auch von meiner Frau, die Ihr Buch mit ebenso angespannter Teilnahme las wie ich, und mit freundlichstem Salut an Marianne, bin ich

Ihr Alfred Andersch.

P.S. Ich fahre am 7. August nach England und Irland, meine Frau kommt am 18. August, wenn sie Annette nach Davos gebracht hat, nach.[82] Werden wir Sie noch vorher oder erst nachher hier sehen? Wir sind um den 20. September herum zurück.

Handschrift, zwei Blätter, drei Seiten, MFA

23. Frisch in Rom an Andersch in Berzona

24.7.64

Lieber Alfred Andersch,
ich danke Ihnen herzlich für Ihren Brief zum Buch, ich bin nämlich doch ziemlich bange, wenn dann die ersten Exemplare verschickt sind, und bliebe es ganz bei dem Schwei-

gen, das sich dann um einen herum legt, und käme dann nicht ein Winkelried[83] herab von Berzona oder der arme Hirschfeld aus dem Spital,[84] das Schweigen (das ich natürlich verstehe und billige usw.) könnte mich fertigmachen binnen Wochen. Ihr lieber Brief erleichtert mich; schon zu wissen, wo etwa die Einwände versteckt sind, macht das Minenfeld begehbar, zumal Sie in Ihrem kollegialen Brief die begehbaren Stellen mit leuchtenden Lob-Signalen markieren. Also herzlichen Dank! Ich war froh drum. Ich bin noch unschlüssig, wie ich diesen heissen Sommer verplempern werde, kann sein, dass ich doch in die Bergluft fliehen muss, kann sein, dass ich in der ersten Augustwoche in Berzona vorfahre, dann rufe ich vorher an, eigentlich hätte ich grosse Lust.

Damit ich's nicht vergesse: die casa Margutta ist frei von Mitte September bis Mitte Oktober; Sie und Gisela haben das Anmeldevorrecht. (Im Winter wird es auch noch einmal frei sei.)

Auf Wiedersehen also

herzlich Ihr

Frisch

Typoskript mit Unterschrift, eine Seite, DLA

24. Frisch in Berzona an Gisela und Alfred Andersch in Basel

8.5.66

Lieber Fred und liebe Gisela,
wir vermissen Euch.[85]

Ich habe natürlich ein schlechtes Gewissen, Fred, dass ich, als Du im Krankenhaus warst, zwar sehr an Dich dachte, bekümmert, dann erleichtert, aber Dich nie besucht habe und nicht einmal angerufen.[86] Das sieht wie die pure Gleichgültigkeit aus; unverzeihlich ist es, aber mit Gleichgültigkeit hat es nichts zu tun. Wenn ich Telefon-Hemmung sage, will ich es nicht entschuldigen, ein Versagen, das mir fast jeden Tag einmal bewusst wurde und immer monumentaler. Ich konnte mir nur noch sagen: am 1. Mai besuche ich ihn, dann wird er mir hoffentlich glauben, dass ich meinen Ausfall nicht verstehe und mich selbst (nicht zum ersten Mal) unmöglich finde. Ein einziger Anruf, sonst Schweigen: Sorge, als Gisela von der Nieren-Vergiftung berichtete, Erleichterung, als sie von der Entlassung aus dem Krankenhaus berichtete, Erwägungen aller Art, auch wirtschaftlicher Art, aber Schweigen Dir gegenüber. Nun seid Ihr in Basel, die weisse Trapez-Fassade im Oberdorf blendet herab[87]. Und jetzt, nach meinem Schweigen, ist es sehr dumm, es könnte leicht einen falschen Ton bekommen, ich meine die Wiederholung meines Angebots. Die Krankheit und ihre weitere Behandlung, schätze ich, bringt erhebliche Ausgaben, und es dürfte nicht sein, dass Du jetzt, statt an deine Hauptarbeit zurückkehren zu können, allerlei Geldarbeit machen musst für die Aerzte. Geld ist das einzige, womit ich Dir im Augenblick helfen kann. Ich habe sehr viel, mehr als anständig. Du brauchst mir nur ein Zeichen zu geben, Fred, und es würde mich auch noch freuen. Ich erwog, ob ich nicht einfach zehntausend Franken überweisen soll; aber dann nimmst Du's nicht an. Andere sind da weniger schwierig. Brauche ich zu sagen, dass niemand, auch nicht Marianne, davon erfahren wird? Es ginge von mir aus ohne weiteres, Fred, auch ohne Sorge, dass es die Freundschaft belasten könnte; ich habe intakte Freundschaften, wo ich Geld genommen habe, weil der andere dazu in der Lage war, und ebenso, seit ich dazu in der Lage bin. Es wäre einfach unsinnig, wenn Du jetzt Sorgen dieser Art hättest, Kräfte vergeuden würdest für Fronarbeiten; dazu sind wir zu alt.

Uebermorgen starten wir also nach Russland[88], voraussichtlich bis 25. Mai, dann noch zehn Tage in Polen, sodass wir Anfang Juni wieder in Berzona sind; um Euch anzulocken, habe ich eben ein Schwimmbecken in Auftrag gegeben, dessen Sonnenwasserglitzer man vom Oberdorf her sehen wird.

Gisela wünsche ich eine glückliche Vernissage.[89]

Herzlich euer
Max

Typoskript mit Unterschrift, zwei Blätter, zwei Seiten, DLA

25. Max Frischs Notizen beim Lesen von Efraim, 1966/67

Zu Alfred Andersch: EFRAIM[90]

Der Vorwurf sehr interessant und wichtig. Warum habe ich trotzdem im Anfang manchmal Mühe? Anlieferung des grossen Materials: aber noch geringe Anteilnahme an der Ich-Figur, die schreibt.

Was nötigt Efraim zum Schreiben? Später sagt er es: Um seine Position abzuklären. Aber zu Anfang hat man zeitweise das Gefühl, er schreibe, um Romanschriftsteller zu sein. Sein Problem: Wie schreibt man? beginnt mich zu interessieren in dem Grad, als Efraim lebt: als Teil seines Lebens.

Work in progress, das Schreiben als Hauptaktion, der Stoff erscheint vorerst als Stoff auf einem Schreibtisch, also indirekt, was die naive Anteilnahme an Efraim erschwert. Was mich an seinem Stoff zuerst interessiert: das Politische.

Die Ausgangslage, dass Efraim bisher Journalist gewesen ist, also in einer andern Kategorie schon Schreibfachmann, erweist sich als sehr günstig: es macht seine Schreib-Reflexion ohne weiteres glaubwürdig.

Jeder Satz eine Information. Manchmal habe ich den Eindruck, dass dieses Postulat sich auch auf seine Umkehrung versteifen will: jede Information ein Satz. Daraus entsteht eine gewisse Syntax-Monotonie.

Wie die verstreuten Fakten, die einmal eine Rolle spielen werden, angeliefert werden »unter der Hand«, ist meisterlich. (Efraim, wenn das sein erstes Buch ist, ein Naturtalent.)

Seite 59: der Strich scheint mir auch richtig, solche Einschübe schwächen die Eigenständigkeit der Figur.[91]

Das kompositorische Prinzip der Zeit-Ort-Durchdringung hat grosse Reize, es kommt zu Ueberschneidungen, die etwas aufdecken, die »wahr« sind: – wenn die Durchführung nicht zu methodisch wird. Dann entsteht um Efraim etwas Literarisch-Beflissenes. Soll das sein? Es schwächt, fürchte ich, den Stoff.

Die neuen idiomatischen Wendungen, die ihn befremden: ihr Deutsch, sein Deutsch. Muttersprache entfremdet, und die Fremdsprachen, die er als Emigrant beherrscht, bleiben doch Zitat. Das gehört gründlich zur Figur.

Die kaleidoskopische Koexistenz der drei Städte: London, Berlin, Rom, das hat nicht nur Reize, sondern besagt etwas. Weil es etwas besagt, dürfte es nicht pedantisch werden, glaube ich. Ab und zu scheint es mir zu umständlich, dann nämlich, wenn der Ortswechsel nur in diesem Sinn stattfindet: Handlungsort-Schreibort. Wenn Efraim so beflissen meldet, wo er schreibt. Der Schreibtisch ist kein Ort, es sei denn, dass an diesem Ort sonst noch etwas stattfindet. Dann wird die Koexistenz von Hiersein und Erinnerung (Bericht) ergiebig.

Efraims Stil-Dekrete, ich gestehe, dass es mir schwerfällt, darin nicht die Stil-Dekrete von Alfred Andersch zu sehen.

Efraim ist (war) Deutscher, aber die Emigration hat ihm den innerdeutschen Blick genommen; insofern steht das Buch in einem ersehnten Gegensatz zu andern Büchern, die von Hitler-Deutschland und Deutschland heute erzählen, z. B. zu Grass, Walser, Johnson usw., es provinzialisiert die Katastrophe nicht wie andere Romane, die alles nur von Deutschen her sehen und aus der Hitlerei ein »deutsches« Trauerspiel machen, ein Pech für die Deutschen.

Ein welthaltiger Roman.[92]

Im Zusammenhang mit dem Welthaltigen ergibt sich etwas anderes: etwas Weltmännisches, Weltkennerhaftes, oft zu explizit für meinen Geschmack, zu wenig selbstverständlich. Stellenweise wirkt das so, als mache es dem Schreiber (nach 20 Jahren Emigration) selber noch Eindruck, wo überall er gewesen ist, wieviele Strassennamen er präsent hat. Und wenn er sie präsent hat, was man glaubt: warum muss er jeden Strassen[n]amen auch nennen? angeberisch wie ein Kleinbürger-Tourist, der sich als habitué aufspielen möchte. Wer eine Emigration in London zu verbringen hatte, kennt natürlich die Strassennamen und hat ebenso natürlich kein Bedürfnis, in seiner Erzählung jedesmal und ohne Sinn-Gewinn und aufsässig jedes Strassenschild anzuschreiben. Um zu beweisen, dass er dort gelebt hat? Efraim ist ein Freund der Fakten, Journalist, vielleicht tut er's aus Berufsmanie. Aber dann, als déformation professionelle, die ihn charakterisiert, dürfte es komisch sein. Ist denn unser Bewusstsein so auf Strassenschilder präokkupiert in einer vertrauten Umgebung? Ich sehe dann den wirklichen Autor, Alfred Andersch, beim gewissenhaften Notieren aller Strassennamen in London, da es ihm nicht so vertraut ist wie seinem Efraim.

Dasselbe in Rom, aber hier stört es mich kaum oder nicht; Efraim ist in Rom ein Passant, wenn auch mit Beruf, einer, der sich in einer fremden Stadt anzuheimen versucht: mit Strassennamen, mit Namen von Bauten usw.

Efraim ist ein hervorragender Berichterstatter der Farben. Er kann, vom Optischen her, Wetter melden, dass man es spürt. Das hat er mit Andersch gemeinsam, aber ich nehme es ab, dass Efraim es so sieht und so ins Wort bringt. Er ist mir dann, als Eigen-Person, viel glaubhafter als in seinen Reflexionen, wo eher manchmal der Eindruck entsteht: Efraim entlehnt.

Frage: ist der Anfang des Buches vielleicht mit Reflexion überlastet? – weil, notwendigerweise, noch nicht genug story da ist, noch nicht genug Kompaktes, noch nicht genug Efraim-Figur durch Handlung, sodass die Reflexion zwar interessant ist, aber nicht im Zusammenhang mit der Figur, also belastend.

Keir: umgangen wie ein heisser Brei, stets erwähnt, aber auf Distanz gestellt.[93]

Die Präzision mit Daten und Fakten: non-fiction-Stil, das passt zu Efraim, man glaubt ihm den Journalisten. Er behandelt sich als Dossier, das die Geschichte enthält. Hier ist die Akribie (und das Mühsame) gerechtfertigt, hier wird nachgeforscht, ein Vorfall rekonstruiert, ein Tatort besichtigt. Man will es wissen. (Wogegen ich nicht wissen will, dass der Schreiber, wo immer er steht und geht, jeden Strassennamen weiss und den Namen jeder Kirche, die nichts mit der Situation zu tun hat, die nicht einmal zum Bild wird: nur zum Aufhänger für seine unentwegte Beschlagenheit.) Das Buch strebt Authentizität an, es erreicht sie in vielem.

Grundproblem (bekanntlich) beim Ich-Vortrag: wenn das Ich räsoniert[94], welcher Autor räsoniert? Das Ich heisst George Efraim. Also räsoniert Efraim, und seine Reflexionen interessieren uns wesentlich als Teil seiner Persönlichkeit, etwa auch aus der Diskrepanz zwischen Reflexion und Aktion. Efraim ist Jude, Andersch nicht: Reflexionen des Ich über Judentum (wenn auch selbstverständlich von Andersch verfasst) gehören dem Buch-Ich, dem Efraim, der Ich-Jude ist, und bleiben also integriert. Efraim wird Romancier, Andersch ist Romancier: worin unterscheiden sie sich jetzt, der fiktive Autor und der reale Autor? Natürlich hat man als der bekanntere Autor (George Efraim ist dem Börsenverein nicht bekannt) Angst, der fingierte Ich-Autor könnte, Anfänger wie er ist, unserem eignen Ansehen schaden, und dass wir das zulassen, das kann kein Efraim von uns verlangen: so wird denn seine Schreibweise unserer eignen verflucht ähnlich, und sein »Ich« verflüchtigt sich immer dann, wenn er über »sein« Schreiben reflektiert, es sei denn, sein Schreiber-Credo würde unserem eignen eklatant widersprechen. Das ist hier wohl nicht der Fall. Efraim erscheint zeitweise wie ein Pseudonym (nur in den literar[i]schen Reflexionen.)

Die Porträts (Frau Kiepenheuer, Hocke usw.[95]) sind frappant, man empfindet sie als Porträts von Zeitgenossen, nicht als fiction-Figuren, und das ist im Sinn des Buches vollkommen richtig, Efraim »dichtet« ja nicht, er nimmt auf wie eine Kamera – und das vortrefflich.

Die Figur der Anna[96]: ich sehe sie. Und mit Freude.

Die drei Städ[t]e: natürlich ist Berlin am lebendigsten in seinem Buch, zwar glaubt man, dass er London kennt, auch dass er in Rom ein hervorragender Führer wäre, ein Kenner, aber in Berlin sieht er die Menschen (ich gebe zu: Keir sieht er auch) und damit die Stadt. Hier sind die Strassennamen angefüllt (auch wenn es ungesagt bleibt) mit Biografie. Die Entfremdung durch Emigration: wie eine Linse, die genauer zeigt. Die kaleidoskopische Koexistenz der[97] Städte, aber sie haben verschiedene spezifische Gewichte: eben dadurch zeigt sich Efraim. Das ist gut. Das ist melancholisch: wo die Geschichte ihn ausgeschlossen hat, ist er den Menschen am nächsten, selbst im Misstrauen. Das ist wahr.[98]

Sein Temperament: ein Mann, der sich schriftlich immerzu in der Hand hat. Er kommt nie ins Stottern, nie ins Schwadronieren, nie ins Trällern, ich meine: schriftlich. Ein Gentleman des Stils. Er lässt sich da fast nichts zuschulden kommen, oder wenn es dazu gekommen ist und wenn er es auf dem Papier stehen lässt, so rehabilitiert er sich durch prompten Kommentar. (Diese Kommentare finde ich schade: seine Schnitzer machen ihn mir sympathischer, wenn sie unwiderrufen bleiben.) Er ist kühl, und das ist schön. Manchmal beflissen kühl. Er hält auf sich, er hält auf seine Intellektualität. Literatur als Korsett? Er benimmt sich schriftlich. Zwar gibt er die passende Ohrfeige;[99] in seinem Bericht darüber versagt er sich die Erreg[t]heit. Hat er Angst vor der literarischen Kritik? Er gibt sich durchwegs gelassen, aber wirkt oft angestrengt, was ihn verkleinert; man möchte ihn kennenlernen, wenn er nicht schreibt: wenn er sich Unmittelbarkeit gestattet.

Seine Biografie gibt einen Querschnitt durch unsere Zeit, seine Position (oder Positionslosigkeit) hat etwas Exemplarisches. Ueberall-sein-können, Nirgendwo-sein, Suche nach der Wohnung usw. Unsere Unzugehörigkeit. Efraim würde, um interessant im besten Sinn des Wortes[100] zu sein, weniger Literatur brauchen, als er meint; aber vielleicht gehört auch das zu seinem Vertrauensverlust.

Was ist das Judentum an Efraim?

Sein Verhältnis zur »Bildung« ist deutsch. (Wie bei allen assimilierten Juden in Deutschland.) Sein Jude-Sein wäre irrelevant, wenn es nicht die Nürnberger Gesetze gegeben hätte: es erscheint als Abfallprodukt der Hitler-Zeit. Das bindet ihn an die Vergangenheit. Er hat, obschon ein Ueberlebender, etwas von einem toten Ast. Sein Nicht-Verhältnis zu Israel ist von daher überzeugend.

Was er zu Auschwitz und Treblinka sagt, kann auch ein Nicht-Jude sagen.

Das enorme Material, das gesammelt wird und vorerst chaotisch erscheint, wird sich zusammensetzen: das weiss man lange, bevor das Buch es zugibt. Wie? Daraus entsteht ein Teil der Spannung: puzzle-Neugierde, die zugleich (vielleicht) die Anteilnahme am Inhalt reduziert. Es wird komponiert, man fühlt es; was Efraim als kruden Zufall meldet, ist nach Stellenwert gesetzt. Er tut so, als wüsste er's noch nicht, wohin das führt; das Ende, fürchte ich, wird ihn widerlegen: durch Meisterschaft im Arrangement. (Dass Efraim jedesmal, wenn er Anna wahrnimmt, zugleich Meg[101] erwähnt, ist vom Erlebnis her eine wahre Möglichkeit; dass er es so sauber-konsequent tut, zeugt wie vieles andere von Metier.)

Diese Notizen beziehen sich auf die Lektüre bis S. 215. Also provisorisch.

Wiedersehen mit Meg in London (S. 216f.): auch Meg eine Frauenfigur, die lebt: die sich aus dem Beschriebensein befreit, ablöst und aus sich heraus soviel eigne Existenz gewinnt, dass zwischen Efraim und ihr eine lebendige Scene entsteht (im Gegensatz zu Beschriebenem, das sozusagen in der Kamera gefangen bleibt: trefflich aufgenommen, aber ohne Eigen-Existenz über den Text hinaus). »Scene«: nicht nur weil hier ein Handlungsvorgang geschildert wird, sondern weil der Schreiber hier einem lebendigen Partner begegnet, einer Existenz, die sich nicht reduzieren lässt auf das, was der Schreiber zu melden hat. Sofort wird der Vortrag lebendiger, weniger Stil-dogmatisch, dabei genau so präzis, aber spontaner. Der Schreiber reflektiert zwar weiterhin, aber seine Reflexion bleibt[102] sein Teil, sie steht mir nicht mehr vor der andern Figur; Efraim erscheint dann objektivierter, d. h. er wird Figur.

Ebenda: die Ort-Zeit-Verquickung von Frühstück-Rom und Frühstück-London: wenn diese Ueberschneidungen mehr lustig sind, in Bagatellen evident und unpathetisch, sind sie am überzeugendsten: Ereignis anstatt Methode.

Das Nicht-Chronologische des Berichts als Mittel, nicht als Kniff, um »interessant« zu machen, sondern als einzigmögliches Mittel, das Erleben in allen Verzwick[th]eiten auszuleuchten, er gibt Wahres und ist frappant. Dabei scheint mir, dass die Zeit-Koordinate des Schreibaktes (wann dieser Satz geschrieben wird) am wenigsten beizutragen vermag. Anna dann oder dann, Besuch bei Ludmilla, ein Gesicht dort, ein andres hier, ein Gespräch früher oder später: alles hat mehr Konsistenz als die wiederholte Meldung[103]: Ich schreibe wann und wo. (Es ist etwas anderes, wenn über das »Schreiben« gesprochen wird im Dialog mit Meg, dann handelt es sich um einen gelebten Vorgang ausserhalb des Schreibens, um ein Gespräch über Berufswahl usw.)

Efraim als Leser, das muss sein. Der Lektor, der andere, irrt sich. Die ganze Passage ist schön und gäbe Gelegenheit zu einer Objektivierung der Figur auch im Literarischen, wenn Efraim ganz andere Autoren schätzen würde als Andersch. Was Efraim da über Beckett schreibt, ist natürlich ausgezeichnet, aber ich bin nicht sicher, ob Efraim da gefragt worden ist über sein Verhältnis zu Beckett; Efraim kommt mir da etwas beschenkt vor.

Das Kapitel 4, als ganzes, empfinde ich als das stärkste bisher, es beteiligt mich unmittelbar. (Auch vorher kam das vor: Besuch des Elternhauses, Wohnungssuche in Rom usw., aber ich fand im Anfang, wenn ich das jetzt sagen darf, manchmal zuviel Gerüst; um als Baufachmann zu reden: Schalung, die nachher wegzunehmen wäre.)

Seite 257/58. »Geschlechtsverkehr.« Efraim macht sich da nicht viel daraus, heisst es. Daher die neutrale Vokabel. Wenn er Ausdrücke braucht wie »scharf«, »herumkriegen«, »Affäre anheizen«, »es tun«, frage ich mich, ob das wirklich seiner Empfindungsart entspricht. Warum verstellt er sich? Efraim ist puritanisch, aber warum ordinär? Hat er Angst, spiessig zu sein, wenn er sich nicht verstellen würde? Ich glaube ihm da nicht recht. Es ist zwischen ihm und Anna doch etwas Undefinierbares, Vibri[e]rendes, Verhaltenes, Schwebendes usw., eben Erotisches: eigentlich kein Grund, seine Sensibilität über Bord zu werfen. Er ist schamhaft. Was schön ist. Warum getraut er sich nicht schamhaft zu sein auch beim Schreiben? Fast könnte man meinen, dass er andern zeitgenössischen Schriftsteller[n] nicht nachstehen will. Sobald das Erotische aufkommt, verwechselt er's sofort mit Sex, gibt sich einen Ruck und einen Ton wie in schlechter Männerrunde – dieser George Efraim, der kurzdarauf (Seite 258 unten) Farben gegenüber sich als sensibel-präzis erweist wie Antonioni[104].

Anna und Efraim im Ost-West-Zwielicht von Berlin, das ist sehr schön, sehr wirklich für beides: für die Situation von Berlin und für die Paar-Situation (was dem Uwe Johnson so hartnäckig am Vorsatz lag und nicht gelungen ist.)

Wo Efraim unbedingt sympat[h]isch ist: im Politischen. Und dies nicht aus purem Einverständnis, aber weil er dabei vollkommen unverkrampft-aufrichtig und dazu gescheit ist, mehr als »gebildet«, erfahren.

Seite 269. »– Sangallos risalitische Fassade des Palazzo Farnese.« (als Beispiel:) Fällt ihm eine Fassade ein, so auch der Architekt. Oder hat er nachgeschlagen? Das wäre keine Schande. Aber warum? Ich habe zuweilen das Gefühl, er imponiere sich selbst. Muss Efraim so bildungsbeflissen erscheinen? Hat er Komplexe, die sich in der Kompensation verraten[105]? Wenn ja, dann sind solche Bildungsbeflissenheiten richtig, und man möchte erfahren, was ihn wohl dazu treibt, dass er nichts, was er weiss, unter den Tisch fallen lassen kann.

Der Besuch beim Kohlenhändler, Anna im Vordergrund, ihre Beziehung zum Vater und zur Politik, gesehen von Efraim, im Hintergrund die Historie, das ist reich und sehr schön, ich bin ganz dabei, das gehört zu den Erzählstücken, die man nachher, die Lektüre vergessen, für seine eigne Erfahrung hält.

S. 274. »Aepfel wie vom Baume des Herrn Ribbeck von Ribbeck im Havelland« – trug der nicht Birnen?

»Ich bin in Anna verliebt« – aber doch immer auch dann

imstande, die Welt ringsum sehr objektiv zu registrieren, keineswegs in einem Sog von Einfällen nur auf das Vogelmädchen hin. Ist gemeint, dass Efraim unter Verliebtheit etwas anderes versteht als wir? – mehr einen Vorsatz als einen Zustand.

»Heiratsantrag«, eine sehr schöne und vergnügliche Scene, »wie man sie nicht erfindet«, spezifisch. Der Vater grossartig. Ueberhaupt ist dieses Terzett ergiebig-vielschichtig, real: poetisch. George Efraim kann ein glänzender Erzähler sein, wenn er umständehalber die »Literatur« vergisst, und dass er sie hier vergisst, bezeugt wohl, dass er doch verliebt ist. Ich gönne es ihm von Herzen.

Die Fiktion »Anna in Rom« tut so gut, vielleicht weil sie das Sture an Efraim, seinen pedantisch-konsequenten Faktizismus, auflöst und etwas von der Wahrheit, die nicht faktisch ist, frei lässt und ihn humanisiert.

Die Komposition immer souveräner, oder besser gesagt: nicht ostentativ, geräuschlos, »unter Putz«. Ich werde nicht mehr in Konstruktion unterrichtet, sondern wohne in der Geschichte. Kunst jetzt in Anwendung. Und damit ist sein Vortrag nicht mehr literarisch im Sinn von demonstrativer Stilbemühung, ich darf mich interessieren für die Studentendemonstration in Frankfurt, und sie interessiert mich sehr.

Das Epische (nach soviel modischer Stil-Onanie der letzten Jahre) ist halt doch etwas Schönes, finde ich.[106]

Efraim und der Zufall. Die story ist glaubhaft, ohne dass ich mich für Zufall oder Schicksal entscheiden muss. »Mein grosses systematisches Gedankengebäude über den Zufall« (Seite 265) lässt mich eine Abhandlung erwarten von

George Efraim, die ich bisher noch nicht kenne, ungefähr wie das »Prinzip Hoffnung«[107], oder greift er mit dem zitierten Wort etwas zu hoch?

Seite 318. Die wiederholte Beteuerung von Efraim, dass das, was er schreibt, kein Roman sei, sondern authentisch, hat mit der Zeit einen paradoxen Effekt: es bringt mir zum Bewusstsein, dass ich einen illusionistischen Roman lese.

Seite 322. »dass Keir und Meg es miteinander trieben«. Das sagt man so. Aber von der eignen Frau? Möglicherweise aus Hass und Eifersucht. Oder ist für Efraim alles, was zwischen Mann und Frau geschieht, nur ein Hunde-Akt? Seine Angst vor dem belletristischen Klischee verständlich, aber was er stereoty[p] dafür setzt, ist auch eins. Seite 324: also Ausdruck von Hass. Wäre dieser Ton nicht schon in der Anna-Werbung angeschlagen worden! Seite 324f.: Angst[108] vor den Frauen usw., es tut gut, dass Efraim hier seine Befangenheit inbezug auf Sex ausspricht, expliziert.

Allgemein: immer wenn Efraim erzählt von Meg oder Anna oder andern, hat er seinen eignen Umriss, und es besteht keine Gefahr, dass sein »Ich« als blosse Larve des realen Autors (Alfred Andersch) erscheint, auch wenn er sich auf Intimes einlässt. Das »Private« (in dem Sinn, dass Protagonist und Autor in Kongruenz aufgehen) entsteht lediglich dort, wo Efraim sich als »Schriftsteller« reflektiert, drum erscheint mir dieser Dr. Heckmann als eine gefährliche Figur im Buch. Ich kann mir nicht helfen: diese Lektor-Scenen beziehe ich unwillkürlich auf Alfred Andersch. Darf ich davor warnen? Uebrigens meine ich keineswegs, dass Dr. Heckmann ein Porträt ist von O. F. W.[alter][109], eher eine Schablone. Sind diese Heckmann-Einlagen unentbehrlich?

DER SCHAUKELSTUHL, so wie er in der Geschichte vorkommt, als Titel nicht glücklich.[110] Reduktion der komplexen Biografie auf die »ménage à trois«, das ist aber sein Irrtum, wenn Efraim es so sieht. Warum als Titel nicht einfach: EFRAIM. (Untertitel?)

Seite 374: wieder Dr. Heckmann. Man kann auf diesen Kerl wirklich böse werden auch als Leser; sobald er auftritt, verkleinert Efraim sich selbst durch Arroganz, durch Verletztheit von vornherein, durch Gehässigkeit.

Schluss, Seite 377: am Ende sein und kein Schluss, das ist einer: »Ich weiss nicht wie, aber anders.« Dieser Satz ist ganz ausgezeichnet als Schluss. – Es folgt darauf die Erwägung einer Namensänderung. Ich frage mich, was mit diesen letzten Seiten, die ich als Anhang empfinde, gewonnen wird. »Ebenso gut, wie ich geschrieben habe, könnte ich doch auch geschrieben worden sein.« – da sehe ich, wie Alfred Andersch aus dem vierhundertseitigen Vorhang tritt: »Ich habe dieses Buch geschrieben, und es ist nämlich doch ein Roman.« Ich wusste es.

Dass das grosse Feld, das dieser Ich-Bericht aussteckt – das Geschichtsfeld: Deutschland, Hitler, Europa, Nachkriegszeit, Ost-West usw., ausgesteckt und abgeschritten von einem Juden, dessen Biografie weit über ihn selbst hinausreicht und exemplarisch wird – zum Schluss sich zusammenzieht auf jenes Kreuz, das man »privat« nennt und das gegenüber Treblinka oder Vietnam »klein« genannt wird, das ist stark durch Wahrheit, Beichte im guten Sinn, Eingeständnis, dass wir, wie sehr uns die allgemeine Geschichte angeht und bewegt, die Welt schliesslich doch immer vom Ich her erfahren, erleiden, bewältigen oder nicht. Daher ist der Ich-Bericht legitim. Da ist vieles wahrgenommen: die Berliner Mauer, Judentum, Soziologie, Bomben, Sangallos risalitische Fassade, Treblinka, Franz Josef Strauss usw., aber da ist auch Meg und die Schwierigkeit des Schreibens –[111] drum fände ich den Nicht-Schluss auf S. 377 so richtig, schön, überzeugend, stark.

———

Diese Notizen sind nicht aus der Uebersicht gemacht, sondern während der fortschreitenden Lektüre, also kurzsichtig. Jetzt, aus der Uebersicht, erscheinen mir einige unhaltbar, ich lasse sie trotzdem stehen: als Meldungen während der Lektüre. Aus der Uebersicht gesprochen:

Was ich zu Anfang als mühsam empfunden habe, wird später, wie erhofft, durch Auszahlung gerechtfertigt. Der zweite Teil ist der weitaus stärkere (besser als umgekehrt) und bewegt mich. Das Buch ist sehr komponiert. Und zwar von hinten nach vorne. Bei jeder Komposition gibt es Zwänge, also Stellen, die vom Ganzen her sein müssen, die nur einen Stellenwert haben bei geringem Solo-Wert. Diese Stellen liegen hier im Anfangsteil. Stellen also, die erst bei einer zweiten Lektüre (aus dem Wissen ums Ganze) aufgehen, während sie bei der ersten Lektüre noch wenig Sog haben; je kürzer sie also wären, umso eher wäre man im Sog, den das Buch nachher[112] hat. Da es sich, wie ich meine, um einen illusionistischen Roman handelt, nicht um einen Spiel-Roman, ist dem Ich wohl alles erlaubt, was zu ihm gehört, aber kein Plagiat beim realen Autor; das passiert da und dort im Räsonnement, sonst nicht. Das Buch ist sehr spannend vom Stoff her und durch die Komposition. Die Einwände, die ich notiert habe, beziehen sich auf Details, und ich bin nicht sicher, ob sie zutreffend sind. Das Buch, als Ganzes, steht.

Ich gratuliere!

Max[113]

Typoskript mit handschriftlichen Korrekturen und Gruß, 17 Blätter, 17 Seiten, DLA

26. Frisch in New York an Gisela und Andersch in Berzona

New York, 19.5.71

Liebe Gisela und lieber Fred,
nach der upi-Meldung von meinem Hinschied in New York (sie ging übers Radio, aber konnte dann gestoppt werden vor dem Druck) bin ich bestürzt bei dem Gedanken, tot zu sein, ohne Euch von New York geschrieben zu haben.[114] Ich lebe also, wenn auch mit schlechtem Gewissen. Meine Versäumnisse solcher Art sind zahlreich, ich weiss keine Entschuldigung dafür. Ich bitte um Verzeihung. Unsere Zeit hier geht zu Ende, und es ging mir wie jedesmal mit diesem Land: I hate it, I love it, I hate it, I love it usw., täglich.[115] Nach ruhigem Anfang wurde es wild; kein Ueberfall auf der Strasse, kein Einbruch, einmal eine Bombe in der andern Strasse, ein Mord im Quartier; ich habe jeden

Vormittag gearbeitet, aber dann die Leute, viele sehr liebe Leute, Diskussionen mit Studenten. Das Seminar machte mir viel Mühe.[116] Von der Schweiz erfuhr ich bloss, wie es dem Franken ergeht, und von Gottfried Honegger, dass er mir böse ist (auch er zu Recht) über mein Verstummen.[117] Ich könnte erklären, warum und dass es nicht lieblos ist. Wer glaubt's! Was ich hier sehe und höre und denke, ging ins Tagebuch, ins Gespräch mit fremden Menschen. Euphorie der Isolation. Stress und Erschöpfung. Am 2. Juni schiffen wir uns ein, schweizwärts mit Bangen, dass man doch nicht aus seiner Haut herausgekommen ist, so wenig wie der idiotische Stiller oder Pankraz; wie nach Rom: ich werde zu Kreuze kriechen, schuldbewusst, einsichtig ohne Anspruch auf Nachsicht, nein, so wie ich's mache, geht es nicht; ich weiss nicht, wie es geht. Ich glaube, Ihr macht es besser, richtig. Ich besitze ein Haus in Berzona. Warum ist es nicht niedergebrannt? Kein Blitz gegen die Erben. In Texas zum Beispiel (ich denke nicht, dass es ein tieferer Staat ist) denke ich plötzlich an Berzona, an Küsnacht, d.h. ich versuche mir vor[zu]stellen, dass ich irgendwo zuhause sei, und wage es nicht zu glauben. Das aber ist die Sünde. Und ich neige (im Flugzeug) mein zu fettes Haupt, indem ich verstehe, dass es sich rächen muss. Die Euphorie hat kein Fahrgestell zum Landen, drum fahren wir also mit dem Schiff nach Berzona im Juni –

Herzlich euer
Max

Typoskript mit Unterschrift, zwei Blätter, zwei Seiten, DLA

27. Frisch in Küsnacht an Andersch in Berzona

Küsnacht, 19. 11. 71

Lieber Fred.
Inzwischen habe auch ich, der Langsame, dein neues Buch gelesen.[118] Die Zeit, die du auf exemplarische Weise erfahren hast, hat immer weniger epische Zeugen; man weiss es und weiss es eben nicht, bevor es sich ins Epische umgesetzt hat, das heisst: in die Dimension der Erlebbarkeit. Das war das Ziel bei EPHRAIM auch. Natürlich habe ich die Erzählungen nicht zuletzt mit der literarischen Neugierde gelesen, Blick auf die Machart, wobei du sehr konsequent bist. Mir am liebsten, weil sie mir am reichsten erscheint, ist die Titelgeschichte, der akurate Umgang mit dem Vielschichtigen. Ich gratuliere dir. Anderswo macht mir die Klassizität (wenn ich so sagen darf) zwar nicht zu schaffen, aber ich wünsche der Meisterschaft noch ein grösseres Thema, auch wenn mir der Reiz der plot-losigkeit nicht entgeht; gerade sie, beabsichtigt, macht die Spannung, keine plot-Spannung, die uns verleidet ist; eine Spannung, wie wenn man eine Lupe bekommt, um sich das Sogenannt-Alltägliche genau anzusehen, seine leise Verzwicktheit, seine unausgesprochenen Bezüge, seine Essenzen im Unscheinbaren. Ich bin neugierig, wohin du weiterschreibst.

Marianne ist schon seit drei Wochen drüben, ich fliege übermorgen, versehen mit den TAGEBUCH-Fahnen, vor denen ich eine schwere Angst habe.[119] Ich schicke dir eine Eintragung, die sich auf dich bezieht. Kein Porträt, auch keine Laudatio, sondern wie andere Eintragungen über Begegnungen mit Zeitgenossen auch: Versuche einer eignen Standortbestimmung aus zwischenmenschlichen Situationen. Zum Kontext (ohne Kontext würde ich derartige Texte nicht aus der Hand geben, auch nicht geschrieben haben) wäre zu sagen: ein sprödes Buch, nicht herzlos, so meine ich, aber spröde aus Melancholie über die eigene Existenz. Ich schicke dir den kurzen Text, weil ich keinesfalls möchte, dass er dich kränkt; dann wäre er an der Absicht vorbei geschrieben. Wenn du ihn nicht möchtest, so sage es mir bloss, und ich lasse ihn selbstverständlich weg. Ich habe seinerzeit, beim ersten Tagebuch, auch Brecht gefragt.[120]

Dir und Gisela wünsche ich einen guten Winter, Gesundheit[121] sowieso, das Glück in der Arbeit und gelegentliche Freude durch Menschen

herzlich euer
Max

Adresse bis 15.2.1972.
co. Christiane Zimmer[122]
15 Commerce Street
New York 10014 / N.Y.

Typoskript mit Unterschrift, zwei Blätter, zwei Seiten, DLA

[Anlage: Manuskript-Auszug aus *Tagebuch 1966–1971*]

<u>1970.</u>
Wenn ich seinen eisernen Türklopfer geschlagen habe, erschreckt mich der Hall drinnen im Haus, kurzdarauf das Bellen eines kleinen Hundes; seine Freundlichkeit, wenn er

die Haustüre öffnet und sich schon beinahe mit der Störung abgefunden hat, erleichtert mich jedesmal. Nicht nur bietet er sofort etwas zu trinken an, Wodka, Vermouth, Whisky, was gerade da ist; er füllt sich selber ein knappes Glas: nicht aus Bedürfnis, sondern als Geste des Entgegenkommens. In unserem Haus lehnt er meistens ab; warum muss der Mensch, wenn er einen andern Menschen trifft, sofort etwas trinken? Der Mann, der gegenüber sitzt, die linke Hand an der Pfeife, die rechte Hand in seinen linken Arm gelegt, ist kein Engländer, aber so stelle ich mir die Engländer vor: fair. Wir haben nicht nur das Wetter und die Weltlage gemeinsam, auch den Beruf. Wozu erzähle ich von einer Wanderung, die ich gestern gemacht habe? Man hat sich seit Wochen nicht gesehen. Beide haben allzuviele Besucher vorallem im Sommer. Ja, fragt er zu Recht, und was gibt es sonst? Wieder einmal habe ich meinen Tabak vergessen, stopfe die Pfeife mit seinem Tabak, nicht ohne zu versichern, dass ich ihn nicht lang aufhalten wolle. Wenn er in unser Haus kommt, tut er's auch nicht; ein Mann des Masses. Wir wohnen kaum tausend Schritte voneinander. Ich bemerke jetzt, dass die Stube sich verändert hat; die Bücher sind anderswo, die Bilder gewechselt. So lang hat man sich nicht gesehen. Nur einmal oder zweimal haben wir Boccia gespielt; er braucht keinen Zeitvertreib. Wenn man beim Boccia sagt, er sei an der Reihe, so hat man das Gefühl von Zumutung; zwar nimmt er die Kugel, aber ein ernstes Gespräch wäre ihm lieber. Wie war denn die Reise? Er gibt mir Chance um Chance, und es liegt nicht an ihm, dass ich unergiebig bin. Auch ein zweiter Whisky würde da nichts ändern, so wenig wie der Umstand, dass der Hund jetzt verschwunden ist. Es stimmt nicht, dass dieser Mann nie lache. Nur lacht er nicht beliebig, nicht länger als nötig. So rauchen wir beide die Pfeife, jeder die seine, mit gemeinsamem Tabak und mit der gegenseitigen Frage nach dem Stand der Arbeit. Einmal durfte ich das Manuskript eines Romans lesen, obschon er nicht an Lektorat glaubt. Wer, wenn nicht der Schriftsteller selbst, weiss denn zu entscheiden, ob seine Sätze richtig sind. Während ich ab und zu die Beine verschränke, sitzt er aufrecht auf dem härteren Sessel. Ein Helikopter, der Baustoff über das stille Tal fliegt, kann einen wirklich nervös machen; ich habe mich denn auch solidarisch erklärt, allerdings vergeblich; sie nehmen keine Rücksicht auf Schriftsteller. Er schätzt Heinrich Böll. Er schätzt Arno Schmidt, den er vortrefflich als grossen Humoristen vorliest.[123] Zum Lesen nimmt er die randlose Brille ab. Sein Misstrauen gegen Deutschland beruht auf der Erfahrung eines Lebens. Er hat etwas Striktes, das Ironie kaum zulässt, auch etwas Gerechtes, wenn ich mich einmal ereifere. Er schätzt die Schweiz; sie beschäftigt ihn nicht. Vieles ist für ihn erledigt, zum Beispiel alle Sozialdemokratie, die Neue Linke, die Rechte ohnehin, das Direkt-Engagement der Literatur. Wovon reden wir? Wenn ich erzähle, gerät es kurz, obschon er keine Ungeduld zeigt; es leuchtet ihm nur nicht ein. Streiten wir? Seine Widersacher und meine Widersacher sind nicht dieselben; so vermeidet man nach Möglichkeit (aber es geht nicht immer) ihre Namen. Ohne sie wären wir unter vier Augen freier. Politisch ist er der Erfahrenere, literarisch der Belesenere. Als Sohn aus mittelbürgerlichem Haus, der Schule entwichen, wurde er Buchhändlerlehrling in den Zwanziger Jahren, Kommunist durch Lektüre und aktiv im Kommunistischen Jugendverband in München; als junger Mensch kam er ins Konzentrationslager. Im Hitler-Krieg rettete ihn vorerst sein politischer Leumund vor dem Kriegsdienst in Russland, wo die meisten seines Jahrgangs gefallen sind; erst kurz vor Ende des Krieges wurde er ebenfalls noch eingezogen und desertierte nördlich von Rom, wobei sich später herausstellte, dass die Einheit, die er auf Todesgefahr verlassen hatte, vor ihm in amerikanische Gefangenschaft geraten war. Noch in der Gefangenschaft gründete er mit andern eine Zeitschrift: DER RUF, später leitete er TEXTE UND ZEICHEN. Einmal fragte ich ihn nach seinen Erlebnissen; ziemlich betreten verwies er auf seine Prosa, die ich selbstverständlich kenne, KIRSCHEN DER FREIHEIT, auch andere Texte, die Auskunft geben. Ich meinte in diesem Augenblick aber nicht den Schriftsteller Alfred Andersch, sondern ihn privat. Das war für ihn (wie ich nachträglich verstanden habe) eine ungehörige Frage. Schriftsteller ist man nicht unter anderem; Schriftsteller ist für ihn ein Rang; Schriftsteller ist man im Unterschied zu allen andern, eine Existenz qua Schriftsteller. Dass der andere eben dieses Selbstverständnis nicht hat, muss ihn befremden; das ist mit Nachbarschaft nicht aufzuheben.

Typoskript mit handschriftlichen Korrekturen, vier Blätter, vier Seiten, DLA

28. Andersch in Berzona an Frisch in New York

7. 12. 1971

Lieber Max,
wenn Du mir einen persönlichen Gefallen tun willst, so streiche bitte aus Deinem Manuskript den Satz: »Er schätzt die Schweiz; sie beschäftigt ihn nicht.« In meiner Lage hat dieser Satz, von dem grössten Schriftsteller der Schweiz, dem die meisten Leute bedingungslos glauben, veröffentlicht, eine verheerende Wirkung.[124] Er diffamiert. Er stimmt ausserdem nicht: Ich liebe die Schweiz, und sie beschäftigt mich sehr.

Bei unserer Beziehung handelt es sich um eine Geschichte. Etwas, das Vergangenheit, Gegenwart, Zukunft hat. 1962–1971. Rom–Berzona. (Warum standen wir so, dass Du 1964 nach Berzona kamst?)

Du hast es vorgezogen, anstatt eine Geschichte zu schreiben, eine Momentaufnahme zu knipsen. Andersch im Jahre soundsoviel an dem und dem Tag. Ich erkenne mich darauf nicht wieder. Jeder Deiner ach so höflichen Sätze enthält eine falsche Nachricht.

Was die nicht geschriebene Geschichte betrifft, so muss ich wenigstens einmal sagen, dass ich in ihr freundlich, freundlich, freundlich gewesen bin. Wahrscheinlich deshalb teilst Du heute der Oeffentlichkeit mit, dass Du mit mir nichts mehr zu reden weisst.

Selbstverständlich ist es Dein gutes Recht, falsche Nachrichten über mich zu verbreiten. Ich konzediere Dir ja, dass Du sie für richtige hältst. Dass ich entscheiden soll, was Du drucken lässt, ist ein absurder Gedanke. Geschrieben ist der Text ja, ein grosser Personenkreis kennt ihn bereits, es wird sich rasch herumsprechen, was Du weggelassen hast – wir kennen doch den literarischen Betrieb, nicht wahr, Max? Also nur Mut, auch zur öffentlichen »Kränkung« (um das gemütliche Wort zu benützen, das Du in Deinem Brief für eine ungemütliche Sache verwendest) – es ist genau das, was die Leute lesen wollen. –

Wir wünschen Dir und Marianne einen angenehmen Winter in New York.

Fred

Typoskript mit Unterschrift, eine Seite, MFA

29. Frisch in New York an Andersch in Berzona

New York,
11.12.71

Lieber Fred,
dein Brief bewegt mich natürlich sehr. Nicht nur der Satz, den du gestrichen zu haben wünschest, sondern der ganze Text geht nicht in den Druck. Darf ich mich trotzdem noch zu zwei Punkten erklären. Der Satz über die Schweiz wäre, was du nicht hast erraten können, bezogen auf eine frühere und längere Reflexion über die Schweiz: warum sie den Nichtschweizer nicht beschäftigen kann;[125] weil sie, wie ich meine, nicht an der Zeitgeschichte partizipiert und weil das ihr Mangel ist, unser Malaise. D.h. der betreffende Satz, als Wiederholung eines Vorwurfs an das eigene Land, richtet

sich nicht gegen dich. Trotzdem hast du recht; man kann ja Sätze immer auch als einzelne herauslesen, und so wäre er fatal. In einem andern Punkt darf ich sagen, dass du im Irrtum bist, nämlich in der Annahme, ein grosser Personenkreis kenne ja den Text bereits. Dabei denkst du vermutlich an meine »Lektoren«; es kennen diesen Text nicht: Marianne, Siegfried Unseld, Uwe Johnson, Jörg Steiner, Willhelm Killmayer. Ich wollte zuerst einmal wissen, wie dieser Text sich für dich ausnimmt. Dass jeder seiner Sätze (wie du schreibst) eine falsche Nachricht enthält, glaube ich allerdings nicht. Natürlich habe ich seit 1966 öfter notiert, was uns beide betrifft und was nennenswert wäre, aber sich als öffentlicher Uebergriff in die Sphäre des andern erweist und daher nicht geht. Schliesslich versuchte ich es, da unsere Nachbarschaft während dieser Tagebuch-Jahre mich intensiver beschäftigt hat als anderes, was im Tagebuch einen Niederschlag findet, wenigstens mit einem Hinweis, einer Momentaufnahme, wie du sagst; wobei ich meinte, es wären darin sowohl Freundschaft wie deren Problematik wenigstens signalisiert. Es scheidet jetzt bei der Korrektur noch manches aus, weil es das Soll nicht erreicht. Es tut mir sehr leid, dass unsere Geschichte dazu gehört.

Ich grüsse dich herzlich auf Wiedersehen

Max

Typoskript mit handschriftlichen Korrekturen und Unterschrift, zwei Blätter, zwei Seiten, DLA

30. Frisch in New York an Andersch in Berzona

NY, 19.1.72
Commerce Str. 15

Lieber Fred,
gestern habe ich, nach vielen Nöten, endlich die Druckfahnen abgeschickt.[126] Es ist nicht richtig, dass Du, unsere Beziehung, in dem Tagebuch nicht vorkomm(s)t, aber nicht dein Fehler. Es ist mir, wie du weisst, nicht gelungen. Eines von vielen Misslingen. Bitte ich um Nachsicht? Ich will nur sagen, dass es mich beschäftigt, und mit Recht kannst du sagen: Das ist ja deine Sache. Und so will ich's auch nehmen, nicht leicht, aber als mein Versagen.

Ich wünsche dir und Gisela das beste

Max

Typoskript (Durchschlag) mit durchgeschriebender Unterschrift und einer handschriftlichen Korrektur, ein Blatt, eine Seite, MFA

31. Frisch in New York an Andersch in Berzona

New York, 2.4.72

Lieber Fred.

Die PARTISAN REVIEW[127] (für amerikanische Verhältnisse links, aber ohne radikale Linie, verglichen etwa mit KURSBUCH[128] der schlichte Liberalismus) hat mich eingeladen, eine Sondernummer zusammenzustellen: Deutschsprachige Literatur heute, also Texte aus BRD, DDR, Oesterreich, Schweiz.[129] Die meisten kennen hier nur Grass, die andern vielleicht dem Namen nach, vieles überhaupt nicht. Ich habe die Aufgabe, ihrer Schwierigkeit nicht ganz bewusst, übernommen – in dem Sinn, dass die Kollektion, ohnehin fragmentarisch schon den Namen nach, sich weder auf das »Establishment« noch auf die »Avantgarde« beschränkt. Zu zeigen wäre die Divergenz der literarischen Positionen, der Tendenzen. Ich möchte dich also fragen, welchen Text von dir, als Beispiel für deine Position, du vorschlägst. Umfang 6 bis 9 Seiten. Es kann, aber es muss nicht eine geschlossene Erzählung sein (wie »Die Brüder«, »Vormittag am Meer«[)]; bei Arno Schmidt oder Oswald Wiener u. a. nehmen wir ein Fragment aus Romanen. Ferner muss es auch nicht unbedingt ein Text sein, der hier noch nie in Uebersetzung erschienen ist; erstens sind unsere Publikationen hier, trotz guter Besprechungen, wenig bekannt, zweitens soll ja, wie gesagt, vorallem die Vielfalt der produktiven Temperamente vorgeführt werden. Bist du mit deinen amerikanischen Uebersetzern zufrieden? Falls du lieber ein Manuskript gibst: wen schlägst du als Uebersetzer vor? Darum hat sich dann allerdings die PARTISAN REVIEW (William Philipps) zu kümmern. Die Nummer soll im Herbst erscheinen, ich habe aber die Texte bis zum 21. April vorzulegen. Ich wäre sehr froh, wenn du mir bald antworten könntest. Wir bleiben noch bis Ende Mai hier.

Mit freundlichen Grüssen
Max

Typoskript mit Unterschrift, eine Seite, DLA

32. Frisch in New York an Andersch in Berzona

23.4.72

Lieber Fred, für den Fall, dass dieser Brief dich nicht erreicht hat, hier eine Kopie – mit freundlichem Gruss

Max Frisch

Typoskript mit Unterschrift, eine Seite, auf einem Durchschlag des Briefes vom 2.4.1972, das Abgabedatum für die Texte ist darin korrigiert: »bis 7. Mai«, DLA

33. Notizen von Max Frisch

33.1. Aufzeichnung aus dem Juni 1972, vermutlich zu einem späteren Zeitpunkt überarbeitet

Gestern (11.6.72) Gespräch mit Alfred Andersch, vereinbart am Donnerstag, nachdem Gisela vorerst sagte, Fred sei nicht zu sprechen, Arbeitsklausur. Wir hätten aber, so meine ich, etwas zu besprechen. Also heute um 16.00, wie vereinbart, und ich weiss auch schon, dass er um 18.00 zu arbeiten haben wird. Wie der Winter in den USA gewesen ist, meine Auskunft dazu führt zum Thema. Warum er die zwei Briefe, betreffend einen Beitrag in die PARTISAN REVIEW, nicht beantwortet hat: weil er nach meinem Text für das TAGEBUCH, den ich ihm im Herbst vorgelegt habe und der nicht veröffentlicht worden ist, mir keine Antworten schuldet. Ganz klar für ihn. Ein unfreundschaftlicher Text, und dabei bleibt's, auch wenn ich in zwei Briefen ein Bedauern ausgesprochen habe. Also Abbruch jeder Beziehung? Ich frage und lasse Alfred Andersch wissen, dass ich diese Lösung akzeptiere, wenn er sie wünscht. Gespräch beiderseits ruhig. Wäre der fragliche Text veröffentlicht worden, so hätte Alfred Andersch, so sagt er, öffentlich widersprochen. Wie weiter? Soll man sich, wenn man sich zufällig bei der Garage trifft, nicht mehr grüssen oder grüssen. Seine Enttäuschung über den unherzlichen Tagebuch-Text ist begreiflich, auch wenn er Sätze, die er als Beispiel anführt, falsch erinnert. »Er wohnt in der Schweiz, die Schweiz interessiert ihn nicht«, es heisst im Text: »Er schätzt die Schweiz, sie beschäftigt ihn nicht.« Auch das sei falsch. (Alfred Andersch ist inzwischen Schweizerbürger geworden, ich erfahre es vom Dorf, nicht von ihm.) »Es ist nicht wahr, dass dieser Mann nie lacht.« Ich gebe zu, dass der Satz auf ein Gerücht eingeht. (Tatsächlich sagt mindestens jeder zweite, wenn er auf Alfred Ande[r]sch zu sprechen kommt: kein Humor. Das finde ich nicht ohne weiteres richtig; solche Aussprüche über irgendeine Person signalisieren wohl immer eine gewisse Antipathie, die dann mit dem flinken Zusatz, dass die betreffende Person äusserst anständig ist, fair usw., nicht getilgt wird.) »Du gil[t]st als ein sehr ernster Mann, Fred, nicht als Lacher«, ein Satz im Gespräch, der ihn entrüstet; das Gespräch beruhigt sich aber wieder. Marianne kommt dazu, schliesslich geht es sie auch an, wie wir nun zueinander stehen. Kein Streit, nur Unvereinbarkeit. Alfred Andersch im Bewusstsein, dass er keine Fehler gemacht hat. »Literarisch der Belesenere, politisch der Erfahrenere«, auch diese Text-Stelle empfindet er als falsche Nachricht; ich meine das aber wirklich, ohne Ironie, auch nicht nebensächlich. »Du hast eine Maturität, du hast ein abgeschlossenes Studium«, sagt er. Trauma des Autodidakten, auch wenn er mehr Wissen hat als der andere. Marianne gibt ihm Recht in dem Sinn, dass meine Selbsteinschätzung (es geht nicht um Talent, sondern um Unbelesenheit) falsch sei, die Komik dabei, ich weiss also nicht einmal, was ich nicht weiss, was ich nicht gelesen habe, Balzac zum Beispiel, Jean Paul u.a. Alfred Andersch findet mehrmals, es gebe nichts zu besprechen; mein Text wurde geschrieben, und daher bleibe es, wie es ist. Eine Text-Analyse (beide haben den unglücklichen Text in der

Tasche) wäre sinnlos, findet er und kann auch seinen Brief-Satz, dass jeder meiner Sätze eine falsche Nachricht enthalte, nicht zurücknehmen. Ob er den Text andern gezeigt hat, ist nicht zu erraten. Dass er auf Briefe nicht mehr antwortet, findet er natürlich und berechtigt; ich sehe darin den Willen zum defin[i]tiven Abbruch unsrer Beziehung, aber meine wiederholte Frage, ob Alfred Andersch einen Abbruch der Beziehung will, bleibt unbeantwortet. Er zeigt, dass er gehen will: »Strich darunter.« Ich möchte aber wissen, in welchem Sinn. Nachsicht oder Abbruch? Es sind sieben Monate, seit ich ihm den Text unterbreitet habe, und es könnte ja sein, dass er nach sieben Monaten etwas anders darüber denkt, zumal nach zwei Briefen und nach dem Beschluss, den Text nicht zu veröffentlichen, da ich ihn selber als ein Versagen sehe. Meine Bereitschaft zu einem ruhig-dezidierten Abbruch jeder Beziehung (sozusagen als Ratifizierung seines Verhaltens, seiner demonstrativen Nichtbeantwortung eines Briefes mit beruflichem Inhalt) scheint Alfred Andersch nicht erwartet zu haben; er ist aber auch nicht bereit, meine längeren Ausführungen zu der Problematik unsrer zehnjährigen Beziehung anzuhören. Problematik einer Freundschaft in dörflicher Nachbarschaft, das habe er nie so empfunden. 17.15 beendet Alfred Andersch das versuchte Gespräch: »Ich muss ja gehen«, er hat seinen geregelten Arbeitsplan.

MATERIAL:

Brief zu Text (fehlt noch, in Zürich.)
Text
Brief von A. A. nach New York

1 Brief von New York
2 Brief von New York
3 Brief von New York, PARTISAN-Review.

Heute ist es mir eigentlich wohler. Es hat sich in den letzten Jahren allerlei Halblüge eingeschlichen, infolgedessen Ärger über sich selbst, der sich umdreht in Ärger über den andern.

———

Typoskript mit handschriftlichen Korrekturen, drei Blätter, drei Seiten, MFA

33.2. Notizen, vermutlich Juni 1972

AA

Wo war denn ich, als du in Dachau warst? Das irritiert mich. Warum sollst du nicht mein Landsmann sein? Ich weiss nicht, was ich, wenn du mir den Wechsel deiner Staatsbürgerschaft selber mitgeteilt hättest, im Augenblick gesagt hätte. Überrascht wäre ich schon gewesen; erfreut für wen? Nicht dass ich dir mit Mundart gekommen wäre, das nicht, obschon es mir vielleicht bewußt gewesen wäre, dass wir nicht Mundart miteinander sprechen; aber meine Mundart sprechen so viele, mit denen mich nichts verbindet, auch die Mundart nicht, im Gegenteil, dann erschreckt sie mich nur. Würde sie, wenn ich sie spreche, dich erschrecken, belästigen, beschämen, langweilen? oder belustigen? Kein Problem; wir sind im Tessin, Italienisch (eine der drei oder vier Landessprachen) ist uns beiden nicht auf der

Zunge gewachsen. Bismar[c]k? Ich habe kein Verhältnis zu Bismar[c]k, zum Beispiel, so wenig wie zu Garibaldi. Du hast es, wie auch immer, wie kaum ein andrer Schweizer. Dass Du, wie ich vermute, mehr Pestalozzi gelesen haben könntest als ich, das kommt noch dazu, zu schweigen von G. Keller und R. Walser. Aber darum, in der Tat, geht es ja nicht. Die Bundesrepublik Deutschland, zurzeit mal von Willy Brandt regiert, ekelt dich aus Erfahrung. Die Schweizer, unsre Landsleute, haben Adenauer sehr geschätzt, das weisst du, u. sich vor Kiesinger nicht geekelt; Brandt hatte es hier schon schwieriger. Dass weisst du? Ich komme nicht darüber hinweg: als du, nur wenig jünger, in Dachau warst, segelte ich nichtswissend auf dem Zürichsee u. studierte Architektur, einer deutschen Jüdin in Liebe verbunden, Schweizer die ganze Zeit und[130] heute, da ich erfahre, dass du es auch bist, alle in der Gemeinde, die zu bestimmen hatten, waren dafür; ich war in Amerika, eine verlorene Stimme für dich, für Euch. Du und deine Schweiz! das kannst du jetzt nicht mehr sagen; das freut mich. Was wirst du sagen? Natürlich meine ich nicht, dass du, wenn von deutschen Schriftstellern die Rede ist, dich fortan aus der Liste streichen[131] mußt; das wär grotesk. Du bist, Passport hin oder her, ein deutscher Schriftsteller, du bist: Schriftsteller. Was wir alle sein möchten. Insofern kann ich Neid nicht nicht leugnen; aber das müßte ich, damit kein Missverständnis entsteht, umständlich erklären, geradezu wollen.

Kürzlich [Textabbruch]

Handschrift auf ausgerissenen Seiten eines Notizblocks, 15 Blätter, 15 Seiten, MFA

Fotos und Faksimiles

Alfred Andersch 1963 in Rom

Max Frisch 1964 in Rom

Alfred Andersch mit Ingeborg Bachmann auf einem Treffen der Gruppe 47 in Berlin-Wannsee im Oktober 1962

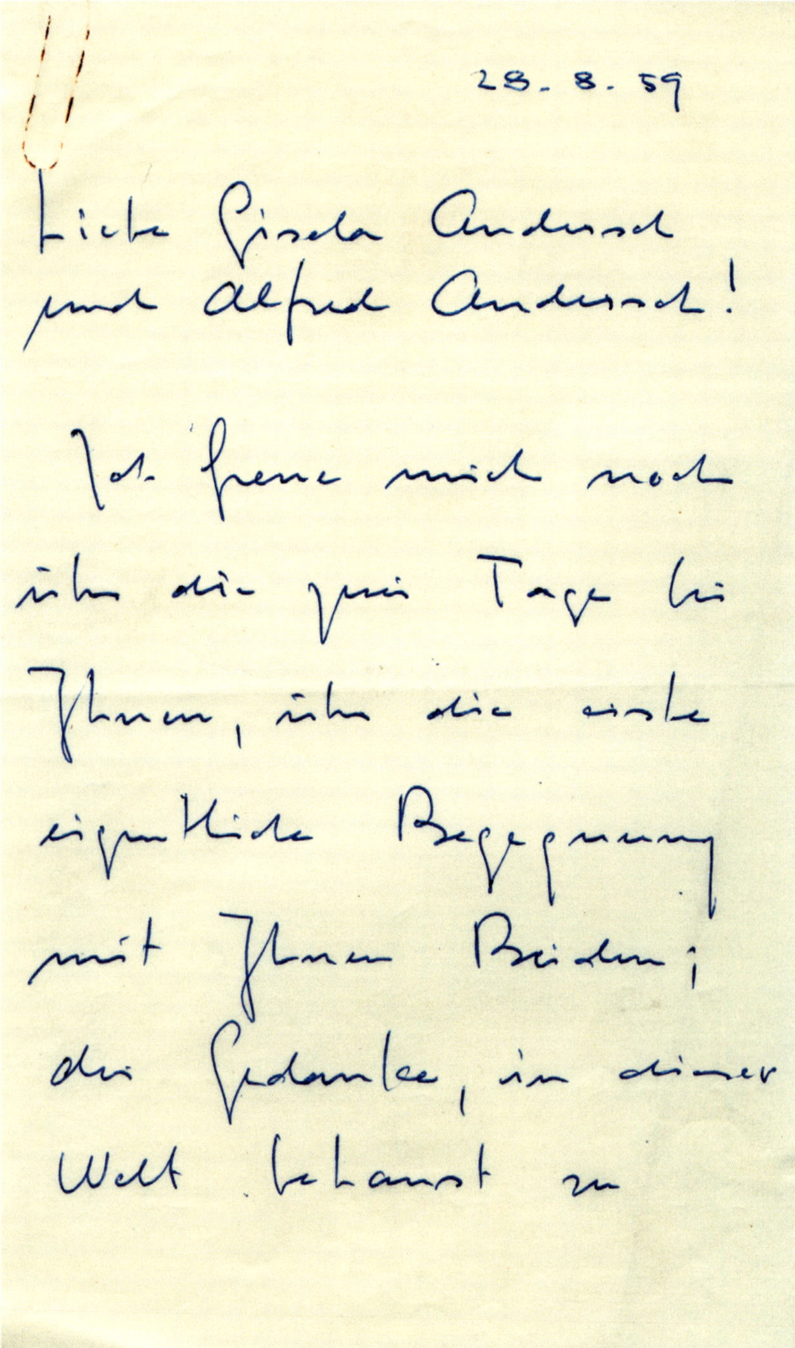

28. 8. 59

Liebe Gisela Andersch
und Alfred Andersch!

Ich freue mich noch über die zwei Tage bei Ihnen, über die erste eigentliche Begegnung mit Ihnen Beiden; der Gedanke, in dieser Welt bekannt zu

Max Frisch an Alfred Andersch, 28.8.1959

sein, ist dadurch
wieder lebhaft geworden;
Jungpflug sucht überall
Land (ohne Preis)
mit eigenem Wein,
ein Haus dazu, das
die Heinzelmännchen
ordnen, und auf Grund
der Idee, dass ich
als Butler nur ins-
geheim schreibe, scheint
auch mir alles möglich.

Max Frisch und Alfred Andersch im Garten von Anderschs Haus in Berzona, ca. 1963

Berzona im Valle Onsernone, Tessin, links im Vordergrund das zukünftige Haus von Max Frisch, im Oberdorf das der Anderschs

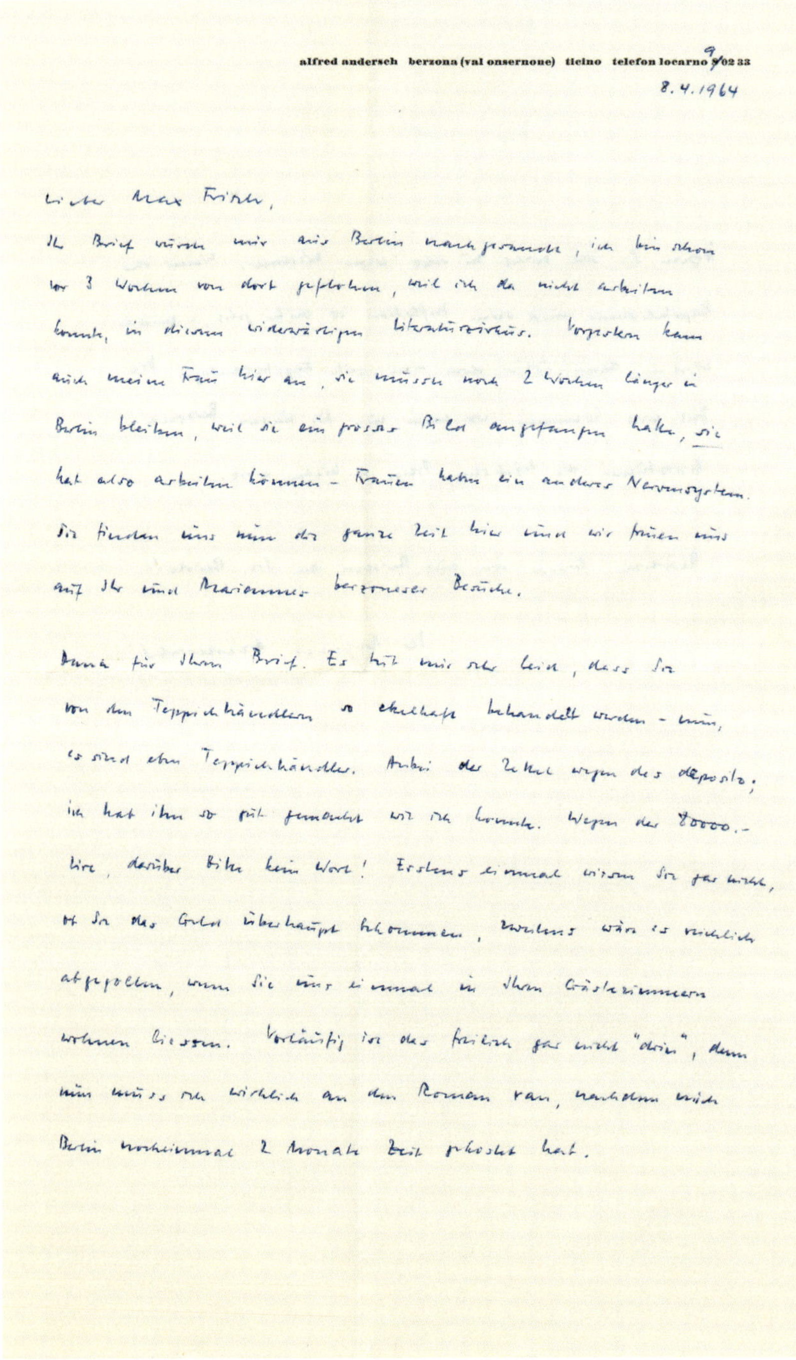

alfred andersch berzona (val onsernone) ticino telefon locarno 9/02 33

8.4.1964

Lieber Max Frisch,

Ihr Brief wurde mir aus Berlin nachgesandt, ich bin schon vor 3 Wochen von dort geflohen, weil ich da nicht arbeiten konnte, in diesem widerwärtigen Literaturzirkus. Vorgestern kam auch meine Frau hier an, sie musste noch 2 Wochen länger in Berlin bleiben, weil sie ein grosses Bild angefangen hatte, sie hat also arbeiten können – Frauen haben ein anderes Nervensystem. Sie finden uns nun die ganze Zeit hier und wir freuen uns auf Ihr und Mariannes berzoneser Besuche.

Dank für Ihren Brief. Es tut mir sehr leid, dass Sie von den Teppichhändlern so ekelhaft behandelt werden – nun, es sind eben Teppichhändler. Anbei der Zettel wegen des deposito; ich hab ihn so gut gemacht wie ich konnte. Wegen der 80000.- Lire, darüber bitte kein Wort! Erstens einmal wissen Sie gar nicht, ob Sie das Geld überhaupt bekommen, zweitens wäre es wirklich abgegolten, wenn Sie uns einmal in Ihren Gästezimmern wohnen liessen. Vorläufig ist das freilich gar nicht „drin", denn nun muss ich wirklich an den Roman ran, nachdem mich Berlin nocheinmal 2 Monate Zeit gekostet hat.

Alfred Andersch an Max Frisch, 8.4.1964

Ärgern Sie sich nicht zu sehr wegen Widmer. Wenn der Kapitalismus und seine Inflation so weiter geht, – und er wird –, dann ist's doch eine gute Kapitalanlage. Die Zeit wird kommen, wo man uns für unsere Persona-Besitztümer die höchsten Preise anbieten wird.

Herzliche Grüsse von uns Beiden an Sie Beide!

Ihr Alfred Andersch

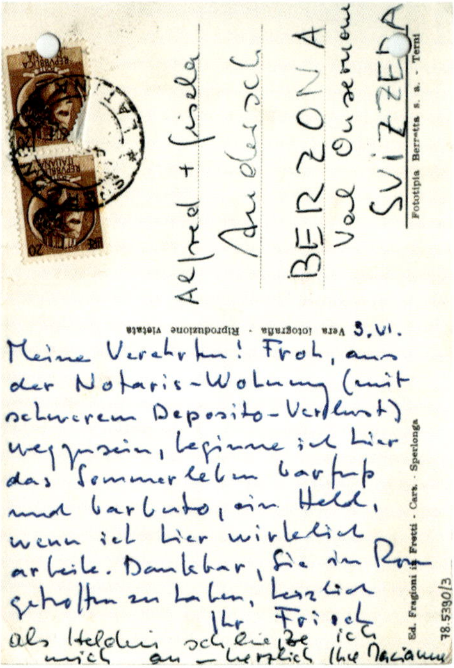

Alfred + Gisela Andersch
BERZONA
Val Onsernone
SVIZZERA

Fototipia Berretta s. a. - Terni

Vera fotografia - Riproduzione vietata

3. VI.
Meine Verehrten! Froh, aus der Notaris-Wohnung (mit schwerem Deposito-Verlust) weg zu sein, beginne ich hier das Sommerleben barfuß und barbuto, ein Held, wenn ich hier wirklich arbeite. Dankbar, Sie in Rom getroffen zu haben, herzlich
Ihr Frisch
als Heldin schließe ich mich an – herzlich Ihre Marianne

Ed. Fragioni in Fretti - Cars. - Sperlonga
78.5390/3

Marianne Oellers und Max Frisch an Gisela und Alfred Andersch, 3.6.1963

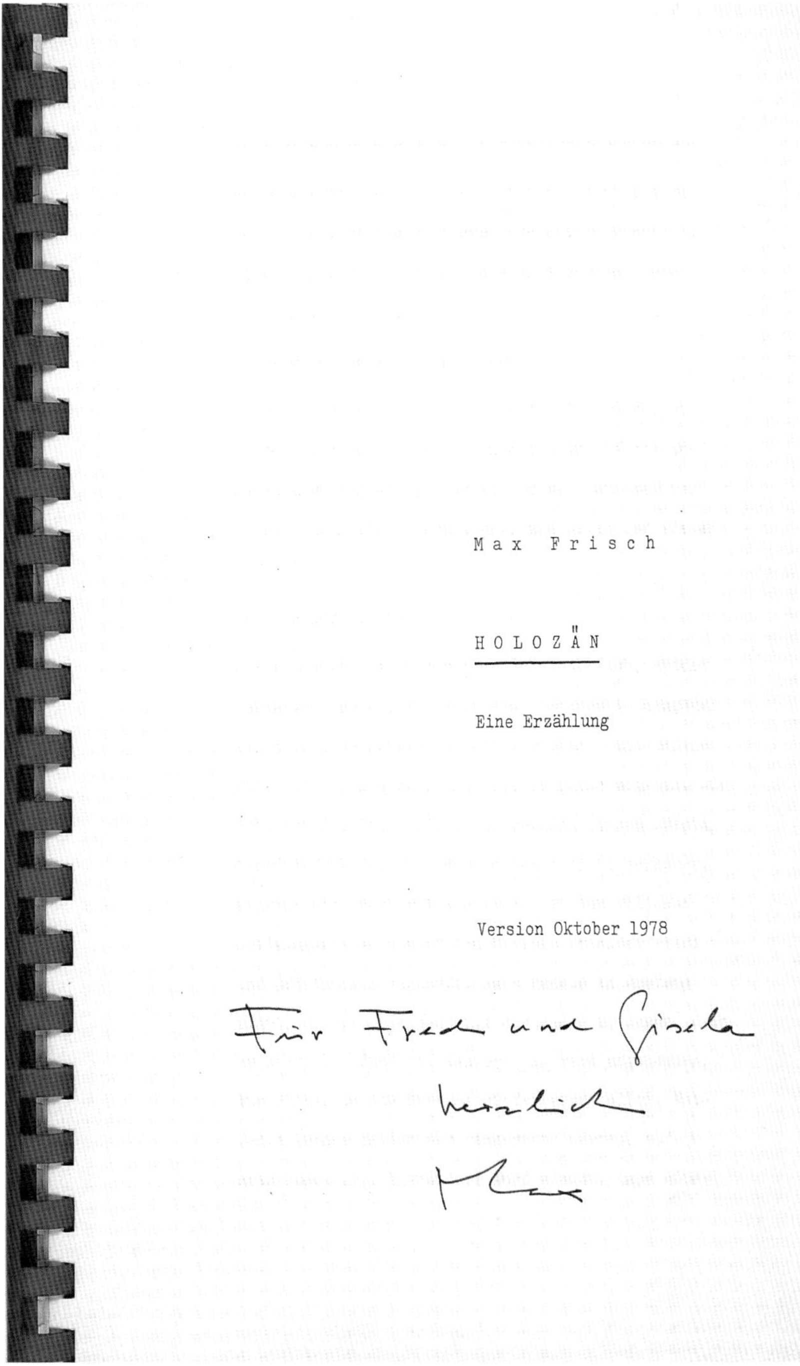

M a x   F r i s c h

H O L O Z Ä N

Eine Erzählung

Version Oktober 1978

Für Fred und Gisela

herzlich

Max

Kopie des Typoskripts von Frischs Erzählung, *Der Mensch erscheint im Holozän,* mit Widmung für Alfred und Gisela Andersch, 1978

Gisela und Alfred Andersch in Giselas Atelier, ca. 1962

Das Haus der Anderschs in Berzona vor dem Umbau

Alfred Andersch, September 1969

Max Frisch in Berzona, ca. 1969

Max Frisch 1985 vor seinem Haus

Marianne Oellers und Max Frisch beim Boccia in Berzona, 1967

Anderschs Arbeitszimmer in Berzona

Max Frisch in seinem Arbeitszimmer in Berzona, 1976

Anlässlich der Neuausgabe seiner Werke im Diogenes Verlag interviewen Max Frisch und Alfred Andersch 1966 ›Jules Verne‹ im Zürcher Ciné Bellevue

EINLADUNG

Der Stadtrat freut sich,

Herrn und Frau M. Frisch

am Freitag, 9. März 1979, 19.30 Uhr
aus Anlass des 65. Geburtstags von
Gisela und Alfred Andersch

zu einem Abendessen im Muraltengut
einzuladen.

u.A.w.g. Sekretariat des Stadtpräsidenten
Büro 234, Telefon 01 216 31 30
(bis spätestens 5. März)

Die von Gisela Andersch gestaltete Einladung des Zürcher Stadtrats zum 65. Geburtstag an Marianne und Max Frisch, 1979

Max Frisch und Alfred Andersch an einer Vernissage von Gisela Andersch, 1967

Bei der Hochzeit von Max und Marianne Frisch, 1968

33.3. Briefentwurf, vermutlich Juni 1972

Lieber Nachbar.

Wie ich vor Tagen nicht von Dir, da wir uns zurzeit nur selten treffen und obschon wir uns seither ein Mal getroffen haben, aber von Leuten im Dorf gehört habe, [bist du] Bürger dieses Dorfes geworden, also schweizerischer Staatsbürger.[132] Das ist für mich, wie du denken kannst, eine bewegende Nachricht, eine wichtige Nachricht, umso mehr als ich einigermassen deine Geschichte kenne, teils aus deinem Werk, teils aus früheren Gesprächen. Wie ist das, Schweizer werden aus Wahl? Du bist als junger Deutscher (ich hoffe, keine Falschmeldung zu geben, wenn ich dies sage) in Dachau gewesen, zum Glück entlassen worden; du hast den persönli[c]hen Mut gehabt, später, als Soldat der Wehrmacht zu handeln (auf Lebensgefahr) nach deiner Gesinnung, nämlich bei Vetralla zu desertieren und in amerikanische[133] Gefangenschaft zu kommen. Das alles hast du, wie keiner, offen und klar geschrieben zu einer Zeit, da es mutig war und wichtig, darüber zu schreiben; Bekenntnis zur Tat eines Beken[n]tnisses. Keiner von uns, deinen Landsleuten jetzt, hat Vergleichbares aufzuweisen. Was ist die Schweiz, heute, für dich? Du hast hier, wenn ich nicht irre, über zehn Jahre gewohnt, gearbeitet, gelebt; du musst es wissen. Bei Gelegenheit, am Rande, hast du es auch gesagt: als Deutscher, von Deutschland (was immer das sei) enttäuscht, wobei ich, offen gestanden, deine Enttäuschung ernstnahm, deine Zuversicht betreffend die Schweiz aber als Reflex, als solchen verständlich, als eine Mischung von höflicher Nachsicht, die dem Gast ziemt, und Wunschdenken ohne praktische Verbindlichkeiten, richtiger gesagt: ohne Kritik aus Erfahrung, da wir ja nicht dulden, dass ein Ausländer sich einmischt. Ich hatte einen langjährigen Freund, Kurt Hirschfeld[134], der, obschon durch Hitler staatenlos, nicht Schweizerbürger werden wollte, als die behördlichen Bestimmungen es schliesslich zugelassen hätten, und obschon er in diesem Land gearbeitet hatte (Schauspielhaus Zürich) und anderswo, auch als Angebote eintrafen, sich heimisch zu fühlen nicht mehr zutraute. Ein sehr andrer Fall; ich verstand ihn, er war deutscher Jude und wäre auch hier ein Jude gewesen, geduldet. Ob du, Nichtjude wie ich, aber mit einem exemplarischen Lebenslauf auch, wie ihn ein Schweizerbürger nicht haben kann, dich in unserem Staat heimisch fühlst, darüber rätsle ich; wir haben nie darüber gesprochen. Dass ich mich hier so heimisch nicht fühle, weisst du; auch dass ich andersherum einen deutschen Orden anzunehmen mich nicht habe entschliessen können. Warum eigentlich nicht? Dein Entschluss beschäftigt mich. Hermann Hesse wurde schweizerischer Staatsbürger, Klee wollte es werden; das sind ehrenwerte Gefährten von dir. Was eigentlich beschäftigt mich? Vielleicht nur dass ich es nicht von dir gehört habe; natürlich hätte ich gefragt: Warum? Meine Frau ist Deutsche, Schweizerin durch Heirat; ich hätte dich nicht in schweizerischer Mundart gefragt: Warum? Aber es werden doch, sofern wir miteinander sprechen als Landsleute, doch Fragen kommen, zum Beispiel betreffend Landesverteidigung nach heutigem Begriff, die Frage der Dienstverweigerung; ich kann mir natürlich nicht denken, dass du, der einen beispielhaften Akt des Gewissens geleistet hat[135], nichts dazu sagst. Wie werden sie es dir abnehmen? Ein deutscher Deserteur[136], ja, das war im Krieg unter Hitler, ein politischer Entscheid, kein religiöser. Du weisst natürlich, dass hier, in unserem Land also, Dienstverweigerung aus politischen Gründen nicht gilt, schon im Frieden nicht. Wenn ich frage, ob du dich jetzt, da du, nicht mundtot als Ausländer, dich für politische Dienstverweigerung einsetzest, so ist das keine Forderung, lieber Nachbar und Landsmann, sondern eine Frage, eine schwierige. Die Wehrmacht unter Hitler und die schweizerische Armee, weiss Gott und jedermann, sind nicht dasselbe. Wie sehr ich für Einbürgerung bin, weisst du oder ich weiss es; unser[137] Land braucht Euch. Einmal, vor Jahren, platzte mir der Kragen; ich schrie euch an, dich und einen andern deutschen Freund, unflätig, weil an meinem Tisch nur von deutschen Fällen überhaupt die Rede sein konnte, ohne dass Gähnen ausbrach; das wirst du mir heute verzeihen. Die Schweiz, nicht die Schweiz als Gegend für Urlauber oder als unverbindliches Idol oder Kuriosität, als Anekdote für Durchreisende, sonder[n] die Schweiz als Fall, als der eigene Fall, darüber werden wir jetzt sprechen müssen; ich bin gespannt. Plötzlich könnte es sein, dass wir, Landsmann zu Landsmann zu Landsmann, politische Gegner sind. Wählst du Freisinn? Oder überhaupt nichts? Es könnte sein, dass dich der schweizerische Waffen-Export oder der schweizerische Beitritt zur EWG nicht interessiert. Zu Recht; ob Franz Joseph Strauss[138] an die Macht kommt oder doch nicht, ist für Europa wichtiger. Du verzichtest auf deinen Stimmzettel in der Bundesrepublik Deutschland. Warum? Sie ekelt dich. Einmal hast du persönlich an Gustav Heinemann geschrieben: Die Gefahr kommt von rechts.[139] Das durftest du als Deutscher mit deutscher Lebensgeschichte; ich habe dich, einverstanden mit dir, darum beneidet. Wem wirst du als Schweizer schreiben? Wir haben kaum darüber gesprochen. Das ist heute, im nachhinein, eigentlich merkwürdig. Ob F. J. Strauss an die Macht kommt oder nicht, das ist für Europa wichtiger als die eidgenössische Abstimmung (Waffen-Export) vom kommenden Sonntag; das finde ich auch.

Typoskript mit handschriftlichen Korrekturen, vier Blätter, vier Seiten, MFA

34. Marianne und Max Frisch in Berlin an Andersch in Berzona, 4.2.74, 9.40 Uhr

Alfred Andersch
6611 Berzona
Zu deinem grossen geburtstag[140] unsere herzlichen glueckwuensche

Max und Marianne Frisch

Telegramm, DLA

35. Andersch in Berzona an Frisch in Küsnacht

8.11.1975

Lieber Max,
in Moskau[141] übergab mir Herr Prof. Pralnikov, stellv. Herausgeber der Zeitschrift für ausländische Literatur, drei Hefte der Zeitschrift, in denen Dein ›Gantenbein‹ abgedruckt ist, mit der Bitte, sie an Dich weiterzuleiten.[142] Ich habe sie heute als Drucksache an Deine küsnachter Adresse auf den Weg gebracht und wäre Dir dankbar, wenn Du dem (sehr netten) Pralnikov den Empfang bestätigen würdest. Die Adresse lautet:

Prof. Eugenij N. Pralnikov
Deputy Chief Editor
›Foreign Literature‹ Magazine
11 Pyatniskaya Str.
109017, Moscow, USSR.

Die Zeitschrift erscheint in einer Auflage von 600 000 Stück. Sämtliche Kalmücken, Kirgisen und Tataren lesen jetzt den ›Gantenbein‹!

Freundliche Grüsse, auch an Marianne und von Gisela,

Dein Fred

Typoskript mit Unterschrift, eine Seite, MFA

36. Frisch in Küsnacht an Andersch in Berzona

20. November 1975

Lieber Fred,
ich danke Dir für Deinen Brief und die Belege aus Russland, die ebenfalls eingetroffen sind. Ich werde dem freundlichen Professor eine freundliche Bestätigung schreiben. Neugierig wäre ich zu hören, wie Du auf die Sowjetunion reagiert hast, ein Grund mehr, um Weihnachten in Berzona zu verbringen; als Gegengabe brächte ich Dir ein paar Eindrücke aus China.[143]
Mit herzlichem Gruss,

Typoskript (Durchschlag), ein Blatt, eine Seite, MFA

37. Frisch an Andersch

[vermutlich nach Anderschs Herzinfarkt im Januar 1976]

Lieber Fred,
hier eine kleine Wanderkarte[144] – eingezeichnet kleine sanfte Spaziergänge.

Dir und Gisela
wünscht gute Tage
herzlich

Max

Handschrift, ein Blatt, eine Seite, MFA

38. Frisch an Alfred und Gisela Andersch, Widmungsexemplar eines Typoskripts von *Styx*

Max Frisch

STYX[145]

Version März 1977

[handschriftlich:]
Für Fred und Gisela
Im Diesseits
freundschaftlich
Max
April 1977

Privatbesitz Annette Korolnik

39. Marianne Frisch in New York an Alfred und Gisela Andersch in Berzona, Kunstpostkarte »Gustav Klimt: The Park, 1910 or earlier«

[11. Dezember 1977]

Lieber Fred, liebe Gisela,
in der Zeitung »Variety« sah ich diese Vorankündigung von »Winterspelt«[146], umso dringlicher scheint es jetzt, die lang (und gut) gelagerten Grüsse aus New York an Euch loszu-

schicken. Hab', am Anfang, schwer zurückgefunden in diese Stadt, doch seit ein paar Tagen scheint das Meiste wieder vertraut, so will ich denn noch bleiben, und freue mich, dass Max sich zur Weihnacht hier einfinden wird. Euch beiden eine gute Weihnacht mit allen lieben Wünschen für das nächste Jahr. Herzlich

Marianne

Handschrift, DLA

40. Frisch in Oslo an Gisela und Alfred Andersch in Berzona, Ansichtskarte »Osebergskipet«

21. V. [1978]

Liebe Gisela und Fred,
nach misslichen Tagen in Berzona (weswegen ich mich nicht gemeldet habe) unterwegs – ich meine, Fred hat mir von diesem Schiff einmal erzählt. Ich spiele hier Autor.[147]

Herzlich Euer Max F.

Handschrift, DLA

41. Frisch in Zürich an Gisela Andersch in Berzona, 28. Juli 1978

Zürich, 28. Juli 1978 Fr. 20.000.-
(ORT UND DATUM)

SCHWEIZERISCHE BANKGESELLSCHAFT
PIAZZA GRANDE 1
6601 LOCARNO

Zahlen Sie gegen diesen Check an die Order
Frau Gisela Andersch
Berzona 6611
Franken zwanzigtausend. -
506.832.09 R
BC 246 Nr. K 170728
Dr.Max Frisch
Max Frisch

MFA, *Der Scheck wurde nicht eingelöst.*[148]

42. Frisch an Gisela und Alfred Andersch, Widmungsexemplar eines Typoskripts von *Holozän*

Max Frisch
HOLOZÄN[149]
Eine Erzählung

Version Oktober 1978

[handschriftlich:]

Für Fred und Gisela
herzlich
Max

Privatbesitz Annette Korolnik

43. Geburtstagsgruss von Frisch an Gisela Andersch

Für Gisela
Zum 5. November 1978[150]
Kakemono[151] aus Kamakura,
gemalt im 18. Jahrhundert,
darstellend einen Dichter
aus dem 14. Jahrhundert.
Und
Dir wünscht viel Gutes

herzlich
Max

Handschrift, ein Blatt, eine Seite, MFA

44. Frisch in Küsnacht an Andersch in Berzona

14.II.79

Lieber Fred!
– in Eile; eine Information, damit Du auch weisst, in welcher Gegend wir am 9. März antreten. – Ich werde erst nach dem 9. März öffentlich zu diesem Militär-Fest etwas sagen.[152] –

Herzlich
Dein Max

Handschrift, eine Seite, DLA

45. Frisch: Laudatio auf Alfred Andersch

Max Frisch[153]

MURALTENGUT ZUERICH, 9. März 1979

Liebe Gisela Andersch,
lieber Alfred Andersch
wir sind hier, um Euch zu ehren.

Herr Stadtpräsident,

Das Muralten-Gut (das habe ich meinen Dorfgenossen aus dem Tessin schon erläutert) ist die Gute Stube der Stadt Zürich; dementsprechend werden wir uns benehmen – wie immer an diesem Ort – höflich.

Meine Damen und Herren,
Alfred Andersch, Sohn aus einem bürgerlichen Haus in München, als Buchhandelslehrling an Bücher geraten, die es schon vor der Bücherverbrennung in einem Bürgerhaus nie zu sehen gab und auch heute nicht zu sehen gibt, zur Nachdenklichkeit herausgefordert durch die Jugend-Arbeitslosigkeit damals, als Neunzehnjähriger aktiv im Kommunistischen Jugendverband in München, deswegen eine Zeit lang im KZ-Dachau, dann frei unter Gestapo-Aufsicht, vorerst von der siegreichen Wehrmacht nicht gewünscht – lange bevor er Schriftsteller wird: ein politischer Zeitge-

nosse als … Ich meine: jede Würdigung seines literarischen Werkes, die Alfred Andersch als einen Meister deutscher Prosa entpolitisiert, wäre ein Hohn.

———

Es wäre auch uns nicht angemessen.

———

Freunde aus nahen und ferneren Ländern, solchen, die Zeitgeschichte machen, neigen oft zu der Meinung, die Schweiz sei eine Landschaft … 1848 hat die Schweiz, als Avantgarde der bürgerlichen Demokratie, Geschichte gemacht. Sie hat ein Modell geschaffen. Dass dieses Modell, zu Recht bewundert, von der geschichtlichen Entwicklung überholt worden ist, das ist natürlich eine Erkenntnis, die zuerst mit Schrecken verbunden ist; aber ein solcher Schrecken aus Erkenntnis könnte kreativ machen. Ich wage zu sagen, dass diese Erkenntnis bis heute unser Volk, als ganzes, noch nicht erreicht hat: weil sie verhindert wird. Wir wissen wie. Das Ergebnis ist eine diffuse Angst vor der Zukunft, die trotzdem kommt, ein Schwund der politischen Kreativität. Was von der Schweiz, unserem Vaterland, geblieben ist, ist keine Landschaft, sondern ein internationaler Finanzplatz.

Warum ist Alfred Andersch in die Schweiz gekommen?

Ich versuche ihn zu verstehen.

DIE KIRSCHEN DER FREIHEIT
sein erstes erzählerisches Buch – nach einer frappanten Eröffnung als Essayist: DEUTSCHE LITERATUR IN DER ENT-

SCHEIDUNG – berichtet von einer Handlung, die der Verfasser nicht erfunden hat, sondern geleistet; es ist, Sie wissen, das literarisch-öffentliche Bekenntnis eines Mannes, der in der Uniform begriffen hat, wo der Feind steht, der Menschenfeind, nämlich nicht vor ihm, sondern hinter ihm, und der bei Vetralla, Italien, sein Gewissen umgesetzt hat in einen Akt der Selbstbestimmung, was ein lebensgefährlicher Akt ist; in Kriegszeiten bezeichnet als Desertion – wie bei Ulrich Bräker, dem Armen Mann im Toggenburg, bei der Schlacht von Lowositz.

DESERTION
das ist die Vokabel aus der Herrschaftssprache für eine Haltung, die unter Umständen moralisch die einzig-verantwortbare ist. Eine hochgemute Stimme aus den Fünfzigerjahren, eine junge, hat ihr den Glanz verliehen:

»Er wird verliehen
für die Flucht von den Fahnen,
für die Tapferkeit vor dem Freund,
für den Verrat unwürdiger Geheimnisse
und die Nichtachtung
jeglichen Befehls.«

(Du weisst, wen ich zitiere.[154])

Der Austritt aus der Nation als einer Gemeinschaft, der wir angehören durch Geburt, ist keine Episode in einem Leben. Es bleibt, wenn auch als ein Akt der Selbstbestimmung verantwortet, im Grund ein tragischer Akt… Es ist nicht verwunderlich, wenn Alfred Andersch einmal, und nicht beiläufig, von Jean Paul Sartre sagt: »von allen Schriftstellern meiner Zeit derjenige, der mich am stärksten bewegt hat.« Warum Sartre? Das Ich, der Mensch, bestimmt sich durch die Tat, die fortan seine Existenz bestimmt; das ist seine menschliche Existenz, seine gewählte, seine Freiheit innerhalb aller Bedingtheiten. Eine dieser Bedingtheiten ist die Nation, der wir angehören durch Geburt. Freilich gibt es auch eine Desertion nach innen, die der Nation weniger auffällt... Ich sage: Desertion ist ein tragischer Akt; keine biographische Episode, die einer verdrängen und vergessen kann. Wie es der Filbinger-Typ kann.[155] – Um bei Andersch zu bleiben: nicht weil ihm als Erzähler nichts anderes einfiele (um nur zwei Titel zu nennen: EIN LIEBHABER DES HALBSCHATTENS, MEIN VERSCHWINDEN IN PROVIDENCE) hat Alfred Andersch zwanzig Jahre später einen Roman geschrieben, der sein Thema, als ein tragisches, über die Autobiographie hinausführt: WINTERSPELT, die Geschichte von dem Versuch einer sittlichen Desertion und von ihrer Unmöglichkeit in einer allerseits militarisierten Welt.

DIE KIRSCHEN DER FREIHEIT sind erschienen 1952:
die Teilung Deutschlands ist vollzogen, die Wiederbewaffnung wechselseitig in Gang. Gegen den Willen vieler Deutscher. Immerhin hat ein solches Buch erscheinen können; dann allerdings ist es kein Verlag aus den beiden deutschen Staaten gewesen, der sich um den Autor beworben hat, sondern der Walter-Verlag, Olten; danach ist es der Diogenes-Verlag, Zürich, dem Alfred Andersch seine Produktion anvertraut. Sein Thema aber bleibt:

wie bei Brecht:

»Mögen andere von ihrer Schande sprechen,
ich spreche von der meinen.«[156]

Zum ersten Mal getroffen haben wir uns in Zürich, 1957, im Café Odéon. Wo sonst! Andersch als Herausgeber von TEXTE UND ZEICHEN, der Zeitschrift, die der Barbarei im literarischen Bezirk ein Ende gesetzt und die deutsche Literatur, anknüpfend an ihre humanistische Tradition, wenn auch kritisch durch Erfahrung, auf eine humanistische Zukunft verpflichtet – wir sassen dort, wo ehedem, eine Generation vor uns, Leute gesessen haben wie Hans Arp, Hülsenbeck, Hugo Ball und andere Deserteure des Ersten Weltkrieges; wo sie das Dadaistische Manifest verfasst haben: Gegen Krieg und Gewalt! und wo heute eine Mode-Boutique ist… Zum zweiten Mal trafen wir uns in Rom: Andersch als Romancier, SANSIBAR ODER DER LETZTE GRUND, nach seinen Verdiensten als Mittler (er hat, aus der amerikanischen Kriegsgefangenschaft heraus, zusammen mit Hans Werner Richter die Zeitschrift gegründet: DER RUF, ein Ruf nach Demokratie, der dann den Besatzungsbehörden zu weit gegangen und verboten worden ist; er hat das erstrangige Literatur-Studio im Südwestfunk gegründet und Jahre lang geleitet) jetzt, in Rom, als freier Schriftsteller voll epischer Projekte. Unsere römische Freundschaft führte zu meiner Niederlassung in Berzona, Schweiz, wo Alfred und Gisela Andersch sich zur Arbeit eingerichtet hatten, weitab von Ascona: eine Klausur etwa 800 Meter über Meer… Die Frage, wie denn zwei Schriftsteller sich vertragen in einem malerischen Kaff mit 82 Einwohnern, ist eine erlaubte Frage. Warum sollte ich sie nur einer linken oder rechten Tischnachbarin beantworten? Wassermangel im Dorf und den gelegentlichen Stromausfall haben wir, Marianne und ich, unseren deutschen Berzona-Pionieren nie übelgenommen. Was aber Sie, meine Damen und Herren, die Sie nicht von der Gilde sind, unter Schriftstellern für selbstverständlich halten, nämlich dass die über Literatur sprechen, über ihre Arbeit, das hat in unserem Fall tatsächlich stattgefunden: wir haben einander gelesen und das Gelungene einander nie verargt. Trotzdem gab es dann eine Zeit, da wir einander nicht aus dem Weg gegangen sind (das Dorf hat nur einen einzigen Weg), aber wir haben das Gespräch nicht mehr gesucht. Warum eigentlich? Wir wären nicht zwei Linke, wenn wir uns eignen würden für die intellekt-immune Kumpanei, wie sie unter Mitgliedern etwa eines Grundeigentümer-Verbandes natürlich ist. Ich will nicht übertreiben: nicht deswegen, weil unsere Urteile, die politischen wie die ästhetischen, dann und wann divergieren, sind die Andersch[s] nach Spitzbergen gefahren, nach Portugal, nach Mexiko, und wir nach Küsnacht, Berlin… Ich bin froh, und nicht nur wenn ich in Berzona bin, froh um unsere Zweite Freundschaft.

Zur Oertlichkeit im Tessin:
so nahe zu einander, dass man die Schreibmaschine des andern hört, liegen unsere Behausungen nicht, aber auch nicht so weit auseinander, dass ich, wenn ich aus der eignen Schreibstube trete, nicht den Fleiss der schreibenden und

malenden Nachbarn ahne in diesem Tal, das alles in allem ein stilles Tal ist, wo einmal auch Tucholsky und Silone sich verborgen und gearbeitet haben; ein grünes Tal, waldig wie zur Steinzeit; Bund und Kanton tun alles, damit es nicht ausstirbt: Post-Bus drei Mal täglich. Ein Stausee ist nicht vorgesehen. Im Sommer, nachts, sind Sternschnuppen zu sehen oder man hört ein Käuzchen.

1972 Verleihung der Schweizer Staatsbürgerschaft. (so heisst es in deiner Vita)
genau gesagt:
Alfred Andersch und Gisela Andersch sind, nachdem sie vierzehn Jahre dort gelebt haben, Bürger einer Gemeinde geworden, die zur Schweiz gehört, wo Dienstverweigerung aus politischem Gewissen mit Gefängnis geahndet wird.

—

Was ist ein politisches Gewissen?

—

Es sei (so hat Alfred Andersch einmal gesagt) immer ein fataler Anblick, wenn ein Schriftsteller sich mit einer Kirche oder dem Staat oder einer bestimmten Partei identifiziert. – Das ist ein strikter Satz, den ich auffächern möchte in Fragen. – Ob es ein Selbstmissverständnis des Schriftstellers ist, wenn er zuweilen als Staatsbürger auftritt, ohne sein politisches Gewissen einer Partei abzutreten oder der Nation; ob und wann das Schweigen, die Verweigerung gängiger Gelübde, zum politischen Gewissen gehört, weil zum Gewissen eben der Zweifel gehört, und ob es stimmt, dass das Gespräch über Bäume fast ein Verbrechen wird, »weil es das Schweigen über so viele Untaten einschliesst,«[157] – d.h. inwiefern es ein Rückzug in den sogenannten Elfenbeinturm ist oder auch nicht ist, wenn einer sich dem Aufmarsch der militanten Inhumanität widersetzt durch Poesie – das ist die Frage; unsere lebenslängliche Frage: – inwiefern der Preis für politisches Gewissen (ich meine bei einem Schriftsteller) die Schändung der Imagination ist oder aber die Vereinsamung, die gesellschaftliche, das Exil zwischen den Fronten: weil nämlich Literatur (Kunst) ohne politisches Gewissen nicht auskommt, auch wenn es sich in einer Erzählung oder Malerei nicht inhaltlich manifestiert, das politische Gewissen, sondern als ästhetische Position.

Ich zitiere Andersch:

> »Es kann die Autonomie, das Für-Sich-Sein einer Welt der Kunst nicht geben. Sie ist eine von vielen Formen der Erkenntnis, freilich eine der vornehmsten. Nur indem Kunst sich auf den alles Erkennen voraussetzenden Begriff der Wahrheit bezieht, erfüllt sie die Aufgabe, die Gesellschaft geöffnet zu haben. Freiheit, die Bedingung der Kunst, ist nur in einer die Bemühung um die Wahrheit offen haltenden Gesellschaft möglich. So mag Kunst von allem abstrahieren – und ihre Abstraktion vom Inhalt ist heute noch eine Erscheinungsform des Wahren –, von der Wahrheit selbst abzusehen ist ihr, ihrem Wesen nach, unmöglich. In der totalen Unwahrheit der geschlossenen Gesellschaft verstummt sie.«[158]

Ende des Zitats. – Gisela Andersch ist keine BAUHAUS-Schülerin gewesen; die ästhetische Position, die sie als Malerin einnimmt, erlaubt es aber (meine ich) ihre artistischen

Ahnen dort zu suchen: Erkundung von Formen, Recherche auf dem Hintergrund von Theorie, insgeheim die Hoffnung, die Gute Form verwandle die Menschen, Form-Bewusstsein münde in Humanität –

Dazu eine historische Notiz:
»Am 10. April 1933 umstellen zwei Hundertschaften der Polizei das seit kurzem in Berlin untergebrachte BAUHAUS, nehmen 32 Studierende in Haft und versiegeln alle Räume.«

So gefährlich ist Kunst.

(bis ein Sammler später mit ihr wohnt.)

Was ein politisches Bewusstsein ist, was es hervorbringt (neben den biographischen Unkosten) bei einem Schriftsteller – von Kampf-Strophen bis zum Prosa-Gedicht aus Hohen Breitengraden – zeigt uns, im Ueberblick vor allem, das literarische Werk von Alfred Andersch: exemplarisch in seiner Spannweite bewusster und verbindlich-gelebter Widersprüche.

Sehr geehrter Herr Dr. Sigmund Widmer[159]!

Wir freuen uns mit Ihnen: – Klopstock war hier, er oder ein anderer badete in der Sihl (zum Missfallen von Lavater) splitternackend. Goethe war hier: auf der Durchreise nach Italien. Georg Büchner als junger Revolutionär im Exil, wo er starb. Richard Wagner war hier, Lenin kurz vor seiner Tat. Um bei den Schriftstellern zu bleiben: Joyce war hier. Musil nur kurz und verbittert, weil ausser Pfarrer Lejeune ihn niemand erkannt hat. Vorher Gerhart[160] Hauptmann kurz und unverbittert. Thomas Mann war hier: vor dem Krieg (ich erinnere mich an seinen Auftritt im Corso[161]: er wähnte sich da unter lauter Anti-Faschisten) und dann wieder nach dem Krieg, Repräsentant des bürgerlichen Zeitalters. Brecht ziemlich unbemerkt in Herrliberg und unbehelligt. Vorher Ernst Wiechert und Werner Bergengruen[162] in der Aula der Universität. Später Walter Mehring als nachmittägliches Gespenst in der leeren Kronenhalle. Viele waren hier. Der stille Ignazio Silone in seiner klugen Melancholie; Gast bei Emil Oprecht… Als Historiker wissen Sie, welche Namen ich im Augenblick vergesse, Namen, die unsere Vaterstadt nachträglich zieren… Erasmus war in Basel, Kleist in Thun, Bakunin im Jura; Paul Klee in Bern, wo sein Wunsch, Schweizer zu werden, nicht in Erfüllung gegangen ist, dafür gibt es jetzt eine schweizerische Briefmarke mit seinem Kopf[.] – Aber Albert Einstein war zuerst in Zürich, wo er an unserer Hochschule eher negativ aufgefallen ist. Elias Canetti besuchte hier das Gymnasium und ist in unseren Strassen dann und wann zu sehen. Ulrich von Hutten war hier. Viele Flüchtlinge. Die Schweiz als

Exil; was nicht heisst: die Schweiz als Ziel. Als Gottfried Keller noch lebte: Herwegh und Las[s]alle, auch Geister, die heute keine Lehrerstelle bekommen könnten. Und Alexander Solschenyzin war hier und mit Ihnen in der Klosterkirche zu Einsiedeln... Was ist es, das so viele Geister in unsere Stadt zieht? Einen lieblichen See hat auch Luzern, Genf, Biel. Ist es der freisinnige Geist an unseren Hochschulen? Die Ansammlung von Bank-Instituten, denen Zürich seinen derzeitigen Ruf in der Welt verdankt, zieht Kapital an, Kapital jeder Art; aber was zieht die Dichter und Denker an? Unsere Mundart, die wir lieben, ist es nicht; schon eher die Aura um C. G. Jung. Der junge Peter Stein war hier, aber unseren Herren nicht zumutbar; die Peter Stein-Gastspiele aus Berlin sind Ereignisse und kostbar, nur wissen wir: was am Ort entsteht und nicht der Einkauf des Anderswo-Entstandenen erzeugt das spirituelle Klima eines Ortes. Die Höflichkeit, die ich in Aussicht gestellt habe, verbietet es, dass ich vom derzeitigen Verwaltungsrat-Theater im Schauspielhaus Zürich spreche. Irgendetwas aber muss es sein, was die Geister nach Zürich zieht. Der Föhn allein kann es nicht sein.

Meine Damen und Herren, was also ist es?

Ich lese Alfred Andersch:

am liebsten
schreibe ich jetzt
für freunde
genossen
aber noch immer nicht für
arbeiter

bürger geschweige denn
adelige
sondern für
menschen
und erst allmählich
es gibt eben groschen
die fallen langsam

begreife ich
was es heisst
für menschen
zu schreiben

es heisst
gegen menschen schreiben
die andere menschen
unterdrücken[163]

Was macht Zürich mit Strophen wie diesen:

ich bin
vorsichtig

noch behaupte ich nicht
sie hätten die Arbeitslosigkeit
geplant

sie planen ja
überhaupt nichts

wahrscheinlich ist ihnen das alles
peinlich

wahrscheinlich sind sie nicht
böse

sondern bloss
unfähig

bewilligt ihnen
einen ruhigen lebensabend
   mit psychotherapeutischer
behandlung ihrer
neurosen

aber richtet euch
unerbittlich
eine neue
produktionsweise
ein

eine fähige[164]

Eine Einmischung in schweizerische Politik, wie sie einem Ausländer, es sei denn ein Multi, von Gesetzes wegen nicht zusteht, ist mir von Alfred Andersch nicht bekannt – auch keine politische Aktion in unserm Land, wie sie ihm, seit einigen Jahren, als Schweizerbürger erlaubt wäre, und ich glaube zu verstehen, was zu dieser bewussten Zurückhaltung führt. Das literarische Werk, das den Namen von Alfred Andersch trägt, ist bei aller Weltoffenheit geprägt von der deutschen Geschichte, und das politische Potential eines Schriftstellers (wenn es das gibt!) liegt allemal dort, wo einer durch Erfahrung, die lange Erfahrung, seine Authentizität gewonnen hat: als Darsteller eben seiner Erfahrung. Ich meine (in Verkürzung gesagt): was der Schriftsteller sich schuldet, ist Authentizität.

Bevor wir uns zum festlichen Tisch begeben:
Ein Umstand, der Alfred Andersch nach Zürich geführt hat oder wenigstens an den Rand unsrer Stadt, dort wo es Wohnungen gibt, ist ohne Umschweife zu nennen: es ist die hohe Meisterschaft einiger Aerzte in Zürich:

> Professor Walter Siegenthaler,
> Professor Felix Largiardèr,
> Doktor Ulrich Binswanger.

Sie haben ein äusserst gefährdetes Leben gerettet und dafür gebührt ihnen unser grosser Dank.

Lieber Fred,
ich lobe heute, dass du lebst, dass du weiter arbeitest und dass du, zusammen mit Gisela, heute mit uns bist – als Herausforderer, der du bleiben wirst. Du bist nicht ausgetreten, um anderswo ein genehmer Untertan zu sein. Der Wille zum unabhängigen Denken und Sehen ist eine Herausforderung in Permanenz – und auch noch dann, wenn ein Schriftsteller, der Empörung ausgelöst hat, eines Tages schreibt, dass der Himmel blau ist. Du hast es auf eine Zeile gebracht, es ist dein jüngster Titel:

EMPÖRT EUCH, DER HIMMEL IST BLAU

Fotokopiertes Typoskript mit handschriftlichen Korrekturen, 17 gebundene Blätter, 17 Seiten, DLA; ediert nach dem Andersch geschenkten Exemplar. Im MFA finden sich vier weitere Fassungen der Rede.

46. Frisch: Nachruf auf Andersch

Für CORRIERE DEL TICINO[165]

ALFRED ANDERSCH † Berzona, 23.2.80

Alfred Andersch, geboren in München[166] und gestorben als Bürger von Berzona im Alter von 66 Jahren, gehört zu den massgebenden Autoren der deutschen Literatur nach dem Zweiten Weltkrieg. Als Sohn aus bürgerlichem Haus, Lehrling im Buchhandel, der damals die grosse Arbeitslosigkeit und die Geburt des deutschen Faschismus erlebte, wurde er Kommunist in jungen Jahren, ein militanter Kommunist, der gegen die Nazi stritt. Infolgedessen wurde er, als Hitler zur Macht kam, ins Konzentrationslager Dachau verschickt, als Jugendlicher aber wieder entlassen; er lebte unter Aufsicht der GESTAPO, bis er später, zum Kriegsdienst für Hitler gezwungen, den Gehorsam verweigerte: 1944 bei Vetralla, Italien, desertierte er unter Todesgefahr. Darüber berichtet Alfred Andersch in seinem ersten Buch »DIE KIRSCHEN DER FREIHEIT«, das bald nach dem Krieg erschienen ist; Desertion als Akt der Selbstbestimmung. Entlassen aus der amerikanischen Gefangenschaft gründete er eine neue Zeitschrift, TEXTE UND ZEICHEN, die grosse Bedeutung bekommen hat: sie setzte sich zur Aufgabe, die deutsche Literatur zu reinigen von der Sprache der Unmenschen und eine Avantgarde der Aufklärung zu schaffen. Alfred Andersch wurde der Entdecker junger Autoren, wie Arno Schmidt und Hans Magnus Enzensberger; als Radio-Leiter schuf er ein Forum für die neue Kritik, die demokratische.

Ende der fünfziger Jahre nahm er Wohnsitz im Tessin, um fortan als freier Schriftsteller zu arbeiten. Sein erster Roman SANSIBAR ODER DER LETZTE GRUND handelt von der Rési[s]tance gegen Hitler, aber Andersch ist nicht mehr ein Mann der Partei, die ihn enttäuscht hat und nicht nur ihn; er ist auch kein Renegat. Es folgen Erzählungen, die meisterhaft sind, und Romane: DIE ROTE, EFRAIM[167], es sind epische Bekenntnisse eines Humanisten. Ein solcher ist Alfred Andersch geblieben über alle politischen Enttäuschungen hinweg, manchmal bitter, aber ohne Kapitulation. WINTERSPELT, sein letzter grosser Roman, der im Zweiten Weltkrieg spielt, schildert die Tragödie eines deutschen Humanisten in Un[i]form, seinen Kampf gegen den Wahnsinn des Krieges.

1973 wurde Alfred Andersch schweizerischer Staatsbürger, um Europäer zu werden, und lebte zusammen mit seiner Frau, der Malerin Gisela Andersch, meistens in Berzona, Val Onsernone, wo ich sein Nachbar geworden bin. Am 23. Februar 1980 haben [wir] ihn hier begraben.

Max Frisch, Berzona

Max Frisch

Typoskript mit Unterschrift, zwei Blätter, zwei Seiten, MFA

47. Frisch in Zürich an Gisela Andersch in Berzona

15. September 1980

Liebe Gisela,
du hast ein sehr schweres Jahr. Ich dachte, dass ich dich in Berzona treffe, wo ich nur noch selten und für kurze Zeiten bin. Ein Ort der Vergangenheit für mich. Das Ansinnen, das der beiliegende Brief erläutert, wollte ich Dir mündlich unterbreiten; aber ich gehe in den nächsten Tagen wieder nach USA.[168] Der Nachlass von Fred ist in Marbach[169], ich weiss, wir haben darüber gesprochen, vielleicht hast Du aber noch Briefe in Berzona, wichtig wäre auch ein längerer Text, den ich damals zum EPHRAIM-Manuskript geschrieben habe. Es eilt nicht, aber ich wäre Dir dankbar, wenn Du gelegentlich einmal nachschauen würdest.

Gisela, ich wünsche Dir, dass Du bald wieder arbeiten kannst; es ist das einzige, was uns bleibt nach allen Verlusten.

Alles Gute wünscht Dir

herzlich

Max

Typoskript mit Unterschrift, eine Seite, DLA

48. Gisela Andersch in Berzona an Frisch in Zürich

19.1.81

Lieber Max, Edith Sch. gab mir diese unsägliche Zeitung.[170] – So ein Quatsch sollte Dich nicht treffen. Und er tut ja noch ein paar andere Kollegen ab. Und er schneidet auf + er lügt auch. In dem Blatt schreibt man wegen der Höhe des Honorars. Immer wieder hat der Diog.[enes] Verlag Fred zugeredet dort zu schreiben, wegen der Höhe des Honorars. (Sie haben das viele Geld weil ihr Männer all die tollen, dummen Biester sehen wollt.)

Noch etwas anderes, ich habe vor ein paar Wochen noch einmal Montauk gelesen. Damals war ich unglücklich über Deine Offenheit und sah nur den Inhalt. Aber es ist wirklich ein gutes + ehrliches Buch. Und auch entsetzlich traurig. Ich wünsch Dir alles Gute, vor allem für Deine Arbeit und einen Gruss.

Gisela.

Handschrift, ein Blatt, zwei Seiten, MFA

49. Frisch in New York an Gisela Andersch in Berzona

NY. 12. 1. 82

Liebe Gisela!
Mein versprochener Besuch bei Dir vor der Abreise – es tut mir sehr leid, dass ich das Versprechen nicht gehalten habe und nicht einmal angerufen habe. Grund? – wieder einmal eine Depression: man will [nicht], dass jemand das sieht oder hört! – Flucht also …

Liebe Gisela, ich wünsche Dir ein lebenswertes Jahr. Wir sehen uns im März oder April in Berzona. Mach es gut!

Herzlich

Max

Handschrift, ein Blatt, eine Seite, MFA

50. Frisch in Zürich an Gisela Andersch in Berzona, Ansichtskarte »Zürich«

7. v. 83

Liebe Gisela,
ich habe mein städtisches Altersheim eingerichtet. Wenn du nach Zürich kommst:

MAX FRISCH
Stadelhoferstrasse 28
8001 ZÜRICH
Tel. 693074

Wie blüht meine Saat in Berzona? Und das Unkraut?

Herzlich Max

Handschrift, Adresse gestempelt, MFA

51. Frisch in Zürich an Gisela Andersch in Berzona, Ansichtskarte »TOMB OF NOBLE NAKHT«

[vermutlich Mitte Januar 1984]

Liebe Gisela,
Aegypten war herrlich – abgesehn von einer Angina als Epilog.[171] Nach Berzona komme ich im Februar. Wie geht's?
Herzlich Max.
Ein fehlgesteuerter Brief.

Handschrift, MFA

52. Gisela Andersch in Berzona an Frisch in Zürich

12. Mai 1986

Lieber Max!
Du bist wundervoll gefeiert worden, und das geht noch die ganze Woche weiter. Und meine Schwester Gustl und ich werden uns keine Gelegenheit entgehen lassen, alles anzusehen, (selbst wenn es eine späte Sendung ist)[.] Jetzt habe ich an Dich als Geburtstagswunsch für mich: Meine Schwester (Adresse steht umseitig) hat demnächst 75. Geburtstag, und der Sohn Martin[172] (Adresse steht ebenfalls umseitig) Architekt, kann ~~er~~ sich keine Bücher zu kaufen leisten, zu leisten kaufen (wahlweise). Könntest Du Deinen Verlag bewegen, je eine Gesamtausgabe[173] zu schicken?

Ganz lieben Dank und nocheinmal die besten Wünsche, auch an Karin[174].

Gisela

[Handschriftliche Notiz von Frisch oben auf dem Brief:]
Dank für Bild

[Beigelegter Zettel:]

Gustl G ö b e l
bei Theissen
Görresweg 79
D 56 Wuppertal 12

Martin Andersch
Architekt
10 Rue Fabre
F 3400 Montpellier

[Handschriftliche Notiz von Frisch auf dem Zettel:]
geschickt! MF

Typoskript mit handschriftlichem Gruß, ein Blatt, eine Seite, und beigelegtem Zettel, MFA

Anhang

Zu dieser Ausgabe

Die vorliegende Edition enthält alle bislang bekannten Dokumente zur Freundschaft zwischen Alfred Andersch und Max Frisch mit Ausnahme einer ausführlichen Eintragung Frischs aus dessen *Berliner Journal.* Aufgenommen wurden auch Briefe der Ehefrauen, Lebenspartnerinnen und von Anderschs Tochter Annette, soweit sie das Verhältnis zwischen den beiden Schriftstellern erhellen. Erkennbar ist, dass die Überlieferung lückenhaft ist. Für die Anfangszeit konnten die Bestände im Deutschen Literaturarchiv Marbach (Nachlass Alfred Andersch) und im Max Frisch-Archiv an der ETH-Bibliothek, Zürich, durch Fundstücke aus dem Historischen Archiv des Südwestrundfunks (Stuttgart) ergänzt werden. Andere Briefe müssen als verloren gelten, möglicherweise wurden sie weggeworfen oder auch von Max Frisch vernichtet – mitunter verbrannte er bekanntlich Papiere, die er als belastend empfand.

Alle Briefe werden ungekürzt und getreu den Textzeugen wiedergegeben, offensichtliche Verschreiber werden in den Anmerkungen nachgewiesen, ebenso Lesungsalternativen. Stillschweigend korrigiert werden lediglich offensichtliche Tippfehler in den essayistischen Texten von Frisch über Andersch (Anlage zu Nr. 27, 33, 45 und 46). Regelwidrigkeiten in Orthographie und Interpunktion sollten daher nicht als Satzfehler angesehen werden, sondern als Ausdruck der individuellen Schreibgewohnheiten der Autoren. Hinzufügungen des Herausgebers stehen in eckigen Klammern [...]. Streichungen werden generell nur dann wiedergegeben, wenn sie für den Briefempfänger aufschlussreich hätten sein können.

Die Stellenkommentare bieten Verständnishilfen sowie biographische, zeit- und literaturgeschichtliche Informationen über die Umstände, unter denen die Briefe entstanden sind. Ein Ziel war es dabei, Sachverhalte zu erklären, über die sich Frisch und Andersch höchstwahrscheinlich mündlich ausgetauscht haben, wobei ein Anspruch auf Vollständigkeit vermessen gewesen wäre.

Danksagung

Für ihre großzügige Hilfe und Unterstützung fühle ich mich Marianne Frisch, Annette Korolnik-Andersch und Margit Unser (Max Frisch-Archiv) zu besonderem Dank verpflichtet. Wichtige Hinweise gaben mir auch Tobias Fasora (Historisches Archiv des SWR), Raimund Fellinger (Suhrkamp Verlag), Alexander Grass, Peter von Matt sowie meine Kolleginnen und Kollegen im DLA.

Für die Überlassung der Abdruckrechte danken der Diogenes Verlag und der Herausgeber der Max Frisch-Stiftung, Zürich, und dem Suhrkamp Verlag, Berlin.

Jan Bürger, im Oktober 2013

Abkürzungen

AA, *»... einmal wirklich leben«*	Alfred Andersch, *»... einmal wirklich leben«. Ein Tagebuch in Briefen an Hedwig Andersch 1943 bis 1975,* hg. von Winfried Stephan, Zürich 1986
AA, GW	Alfred Andersch, *Gesammelte Werke in zehn Bänden. Kommentierte Ausgabe,* hg. von Dieter Lamping, Zürich 2004
DLA	Deutsches Literaturarchiv Marbach
Frisch/Johnson	Max Frisch / Uwe Johnson, *Der Briefwechsel 1964–1983,* hg. von Eberhard Fahlke, Frankfurt a. M. 1999
Hage	*Max Frisch,* dargestellt von Volker Hage, Reinbek bei Hamburg 2006
MFA	Max Frisch-Archiv an der ETH-Bibliothek, Zürich
MF, GW	Max Frisch, *Gesammelte Werke in zeitlicher Folge,* hg. von Hans Mayer unter Mitwirkung von Walter Schmitz, Frankfurt a. M. 1976 (Band I–VI) bzw. 1986 (Band VII)
Reinhardt	Stephan Reinhardt, *Alfred Andersch. Eine Biographie,* Zürich 1990
SUA	Siegfried Unseld Archiv (Archiv der Verlage Suhrkamp und Insel) im Deutschen Literaturarchiv Marbach
SWR	Historisches Archiv des Südwestrundfunks (Stuttgart)

Quellen und Bibliographie

Die edierten und zitierten Dokumente und Fotografien befinden sich im DLA, im MFA, im Historischen Archiv des SWR sowie im Privatbesitz von Annette Korolnik (Carona) und Marianne Frisch (Berlin).

Weiterführende Literatur (Auswahl)

Alfred Andersch, *»... einmal wirklich leben«. Ein Tagebuch in Briefen an Hedwig Andersch 1943 bis 1975*, hg. von Winfried Stephan, Zürich 1986.

Alfred Andersch. Perspektiven zu Leben und Werk, hg. von Irene Heidelberger-Leonhard und Volker Wehdeking, Opladen 1994.

Alfred Andersch. Sansibar ist überall. Seine Welt – in Texten, Bildern, Dokumenten, hg. von Marcel Korolnik und Annette Korolnik-Andersch, München 2008.

Alfred Andersch, *Gesammelte Werke in zehn Bänden. Kommentierte Ausgabe,* hg. von Dieter Lamping, Zürich 2004.

Ingeborg Bachmann – Paul Celan, *Herzzeit. Der Briefwechsel. Mit den Briefwechseln zwischen Paul Celan und Max Frisch sowie zwischen Ingeborg Bachmann und Gisèle Celan-Lestrange,* hg. und kommentiert von Bertrand Badiou, Hans Höller, Andrea Stoll und Barbara Wiedemann, Frankfurt a. M. 2008.

Ingeborg Bachmann – Hans Werner Henze, *Briefe einer Freundschaft,* hg. von Hans Höller, mit einem Vorwort von Hans Werner Henze, München 2004.

Thomas Beckermann (Hg.), *Über Max Frisch,* Frankfurt a. M. 1971.

Roland Berbig, *Das Onsernone-Tal zu gewissen Zeiten. Alfred Andersch und Max Frisch in Berzona,* in: *Alfred Andersch. Sansibar ist überall,* S. 85–94.
Jan Bürger, *Max Frisch: Das Tagebuch,* Marbacher Magazin 133, Marbach a. N. 2011.
Jörg Döring und Markus Joch (Hg.), *Alfred Andersch ›revisited‹. Werkbiographische Studien im Zeichen der Sebald-Debatte,* Berlin und Boston 2011.
Max Frisch, *Entwürfe zu einem dritten Tagebuch,* hg. und mit einem Nachwort von Peter von Matt, Berlin 2010.
Max Frisch, *Gesammelte Werke in zeitlicher Folge,* hg. von Hans Mayer unter Mitwirkung von Walter Schmitz, Frankfurt a. M. 1976 (Band I–VI) bzw. 1986 (Band VII).
Max Frisch, *Jetzt ist Sehenszeit. Briefe, Notate, Dokumente 1943–1963,* hg. von Julian Schütt, Frankfurt a. M. 1998.
Max Frisch – Uwe Johnson, *Der Briefwechsel 1964–1983,* hg. von Eberhard Fahlke, Frankfurt a. M. 1999.
Max Frisch – Friedrich Dürrenmatt, *Briefwechsel,* hg. und mit einem Essay von Peter Rüedi, Zürich 1998.
Volker Hage, *Max Frisch,* Reinbek bei Hamburg 2006.
Volker Hage (Hg.), *Max Frisch. Sein Leben in Bildern und Texten,* Berlin 2011.
Wolfgang Hildesheimer, *Briefe,* hg. von Silvia Hildesheimer und Dietmar Pleyer, Frankfurt a. M. 1999.
Andreas Kilcher, *Max Frisch,* Berlin 2011.
Beatrice von Matt, *Mein Name ist Frisch. Begegnungen mit dem Autor und seinem Werk,* München 2011.
Peter von Matt, *[Kommentar zu Max Frischs Brief an Alfred Andersch vom 11. Dezember 1971],* in: *Briefe aus dem 20. Jahrhundert,* hg. von Andreas Bernard und Ulrich Raulff, Frankfurt a. M. 2005, S. 256–260.
Arno Schmidt, *Der Briefwechsel mit Alfred Andersch,* hg. von Bernd Rauschenbach, Zürich 1985.
Julian Schütt, *Max Frisch. Biographie eines Aufstiegs 1911–1954,* Berlin 2011.

Andrea Stoll, *Ingeborg Bachmann. Der dunkle Glanz der Freiheit*, München 2013.

Volker Weidermann, *Max Frisch. Seine Leben, seine Bücher*, Köln 2010.

Sigrid Weigel, *Ingeborg Bachmann. Hinterlassenschaften unter Wahrung des Briefgeheimnisses*, Wien 1999.

Zeittafel zu Leben und Werk

Jahr	Alfred Andersch	Max Frisch
1911		15. Mai: Geburt in Zürich.
1914	4. Februar: Geburt in München.	
1920	1. September: Volkshauptschule am Winthirplatz, München.	
1924		Eintritt in das Kantonale Realgymnasium in Zürich.
1928	Buchhandelslehre im Wega-Verlag, München (bis 1931).	
1930		Matura und Beginn eines Germanistikstudiums an der Universität Zürich.

1931

1931 bis 1933 arbeitslos, währenddessen politisch aktiv im Kommunistischen Jugend Verband Bayerns.

Erste journalistische Arbeiten.

1932

Freier Mitarbeiter bei Zeitungen und Zeitschriften, u. a. der *Neuen Zürcher Zeitung*.

1933

Nach dem Reichstagsbrand inhaftiert, Ende April aus dem KZ Dachau entlassen, zweite Verhaftung im Herbst. Büroangestellter.

Unterbrechung des Studiums: Reise durch Ost- und Südosteuropa.

1934

Jürg Reinhart. Eine sommerliche Schicksalsfahrt erscheint in der Deutschen Verlags-Anstalt, Stuttgart. Freundschaft mit Käte Rubensohn, die als Jüdin Berlin verlassen musste. Abbruch des Studiums.

1935

15. Mai: Heirat mit Angelika Albert.

Reisen nach Deutschland mit Käte Rubensohn.

1936

Architekturstudium an der Eidgenössischen Technischen Hochschule Zürich.

1937

April: Umzug nach Hamburg, dort Assistent des Werbeleiters der Leonar-Werke.

Antwort aus der Stille. Eine Erzählung aus den Bergen, Deutsche Verlags-Anstalt, Stuttgart.

1938

Werbeleiter der Leonar-Werke. 21. August: Geburt der Tochter Susanne.

Trennung von Käte Rubensohn.

1939

Aktiver Militärdienst als Kanonier.

1940

17. März: Bausoldat, danach Besatzungssoldat in Frankreich. Begegnung mit Gisela Groneuer, geb. Dichgans.

Blätter aus dem Brotsack, Atlantis-Verlag, Zürich. Diplom als Architekt.

1941

März: Entlassung aus der Wehrmacht. Werbeassistent in Frankfurt a. M.

Freundschaft mit der früheren Kommilitonin Gertrud Constance von Meyenburg.

1942

30. Juli: Heirat mit Gertrud (Trudy) von Meyenburg.

1943

16. Februar: Antrag auf Aufnahme in die Reichsschrifttumskammer. 6. März: Scheidung von Angelika Andersch. Erneuter Einzug zum Kriegsdienst.

9. Juni: Geburt der Tochter Ursula. Gründung eines eigenen Architekturbüros. *J'adore ce qui me brûle oder Die Schwierigen*, Atlantis-Verlag, Zürich.

1944

Erste Veröffentlichung in der Kölnischen Zeitung. 6. Juni: Desertion an der Arno-Front in Italien. Kriegsgefangenschaft in den USA.

Auf Anregung von Kurt Hirschfeld, Dramaturg am Zürcher Schauspielhaus, beginnt Frisch Dramen zu schreiben. 25. November: Geburt des Sohnes Hans Peter.

1945

Rückkehr nach Deutschland.

29. März: Uraufführung von *Nun singen sie wieder* am Schauspielhaus Zürich (Regie: Kurt Horwitz). *Bin oder Die Reise nach Peking*, Atlantis-Verlag, Zürich.

1946

Redaktionsassistent von Erich Kästner im Feuilleton der *Neuen Zeitung*, München.
Herausgabe der Zeitschrift *Der Ruf* zusammen mit Hans Werner Richter.

7. März: Uraufführung von *Santa Cruz* am Schauspielhaus Zürich (Regie: Heinz Hilpert).
10. Oktober: Uraufführung von *Die Chinesische Mauer* am Schauspielhaus Zürich (Regie: Leonard Steckel).

1947

Mitglied der Gruppe 47.

Baubeginn des von Frisch entworfenen Freibads Letzigraben in Zürich.
Tagebuch mit Marion, Atlantis-Verlag, Zürich.
Begegnungen mit Bertolt Brecht, Friedrich Dürrenmatt, Peter Suhrkamp und Carl Zuckmayer.

1948

Deutsche Literatur in der Entscheidung, Essay, Verlag Volk und Zeit, Karlsruhe.
Leitender Redakteur beim Radio Frankfurt.

1949

Umzug auf die Burg Kerpen in der Eifel.
Europäische Avantgarde, Verlag der Frankfurter Hefte, Frankfurt a. M.

8. Januar: Uraufführung von *Als der Krieg zu Ende war* am Schauspielhaus Zürich (Regie: Kurt Horwitz).
17. Mai: Geburt der Tochter Charlotte.
18. Juni: Eröffnung des Freibads Letzigraben.

1950

25. April: Heirat mit Gisela Groneuer. Geburt der Tochter Annette.

Tagebuch 1946–1949, Suhrkamp Verlag, Frankfurt a. M.

1951

1951–1954: Leiter der gemeinsamen Feature-Redaktion des Nordwestdeutschen Rundfunks Hamburg und des Hessischen Rundfunks Frankfurt a. M. Herausgabe der Buchreihe *studio frankfurt*, in der u. a. Ingeborg Bachmanns Debüt *Die gestundete Zeit* (1953) erscheint.

10. Februar: Uraufführung *Graf Öderland* am Schauspielhaus Zürich (Regie: Leonard Steckel).

Einjähriger Aufenthalt als Stipendiat der Rockefeller-Stiftung in den USA (New York, Chicago, San Francisco, Los Angeles). Reise nach Mexiko.

1952

Umzug nach Hamburg-Ohlstedt. *Die Kirschen der Freiheit. Ein Bericht*, FVA, Frankfurt a. M.

1953

5. Mai: Uraufführung von *Don Juan oder Die Liebe zur Geometrie* gleichzeitig in Berlin und Zürich.

1954

Stiller. Roman, Suhrkamp Verlag, Frankfurt a. M.

1955

Leitender Redakteur beim Süddeutschen Rundfunk.
31. August: Umzug nach Stuttgart-Killesberg, Grünewaldstraße 34.
Herausgabe der Literaturzeitschrift *Texte und Zeichen.*

Wohnung in Männedorf am Zürichsee.
Verkauf des Architekturbüros.
Letztes Treffen mit Brecht in Berlin.

1957

März: Erstes Treffen von Andersch und Frisch in Zürich.

Mai: Griechenlandreise mit Madeleine Seigner-Besson.

Juni: Reise nach Berzona.
Sansibar oder der letzte Grund. Roman, Walter Verlag, Olten.

Homo faber. Roman, Suhrkamp Verlag, Frankfurt a. M.
Reise nach Bagdad.

1958

Umzug nach Berzona.
Ursendung des Hörspiels *Fahrerflucht,* Hamburg.
Geister und Leute. Zehn Geschichten, Walter Verlag, Olten.

29. März: Uraufführung von *Biedermann und die Brandstifter* und *Die große Wut des Philipp Hotz* am Schauspielhaus Zürich (Regie: Oskar Wälterlin).
Begegnung mit Ingeborg Bachmann.
Georg-Büchner-Preis der Deutschen Akademie für Sprache und Dichtung.

1959

Frühjahr: Schwere Hepatitis-Erkrankung.

23./24. August: Ingeborg Bachmann und Frisch besuchen die Anderschs in Berzona.

Scheidung der Ehe mit Trudy Frisch-von Meyenburg.

1960

Die Rote. Roman, Walter Verlag, Olten.

Frisch zieht mit Ingeborg Bachmann nach Rom.

Oktober: Andersch und Frisch verfassen gemeinsam einen offenen Brief an André Malraux.

1961

Mai: Griechenlandreise mit Ingeborg Bachmann.
Juni: Frisch und Bachmann ziehen in Rom in die Via de Notaris.
2. November: Uraufführung *Andorra* am Schauspielhaus Zürich (Regie: Kurt Hirschfeld).

1962

Wanderungen im Norden, Walter Verlag, Olten. Verfilmung: *Die Rote* (Regie: Helmut Käutner). Von Dezember an: Aufenthalt in Rom.

Frisch lernt in Rom Marianne Oellers kennen.

1963

Mehrere Treffen der Anderschs mit Frisch und Marianne Oellers in Rom.

Juni: Rückkehr nach Berzona.

Ein Liebhaber des Halbschattens. Drei Erzählungen, Walter Verlag, Olten.

Juni: Frisch gibt die Wohnung in der Via de Notaris auf und übernimmt Gisela Anderschs Atelier in Rom.

1964

Januar bis März: Aufenthalt in der Akademie der Künste, Berlin.

Mein Name sei Gantenbein. Roman, Suhrkamp Verlag, Frankfurt a. M. Kauf des Hauses in Berzona.

1965

Filmexpedition in die Arktis und nach Spitzbergen.

Die Blindheit des Kunstwerks und andere Aufsätze, Suhrkamp Verlag, Frankfurt a. M.

15. Mai: Umzug nach Berzona zusammen mit Marianne Oellers. Schiller-Gedächtnispreis des Landes Baden-Württemberg.

1966

Krankenhausaufenthalte wegen des Nierenleidens seit dem 28. März in Locarno und Zürich. Vom 29. April an Aufenthalt in einer neu gemieteten Wohnung in Basel.

Aus einem römischen Winter. Reisebilder, Walter Verlag, Olten.

Reise in die Sowjetunion (Moskau, Leningrad, Odessa). Rückreise über Warschau.

1967

Efraim. Roman erscheint als erstes Buch von Andersch im Diogenes Verlag, Zürich.

1968

Nelly-Sachs-Preis der Stadt Dortmund.

1. Februar: Uraufführung von *Biografie: Ein Spiel* am Schauspielhaus Zürich (Regie: Leopold Lindtberg).
Zweite Reise in die Sowjetunion.
28. Dezember: Heirat mit Marianne Oellers; Gisela Andersch ist Trauzeugin.

1969

Hohe Breitengrade oder Nachrichten von der Grenze, Diogenes Verlag, Zürich.

Japanreise.

1970

Tochter. Erzählung, Diogenes Verlag, Zürich. Fernsehfilm *Die Entwaffnung*.

Mai: Reise in die USA. Besuch im Weißen Haus, gemeinsam mit dem Suhrkamp-Verleger Siegfried Unseld.

1971

Mein Verschwinden in Providence. Neun neue Erzählungen, Diogenes Verlag, Zürich.

Februar bis Mai: Aufenthalt in New York. Vorlesungen an der Columbia University.

1972

Reise nach Mexiko. Schweizer Staatsbürgerschaft. *Norden, Süden, rechts und links. Von Reisen und Büchern 1951–1971*, Diogenes Verlag, Zürich.

Tagebuch 1966–1971, Suhrkamp Verlag, Frankfurt a. M. Zweitwohnsitz in Berlin. Winter: Aufenthalt in New York.

1974

Winterspelt. Roman, Diogenes Verlag, Zürich.

USA-Aufenthalt. Begegnung mit Alice Locke-Carey.

1975

Literaturpreis der Bayerischen Akademie der Schönen Künste.

Oktober: Reise in die Sowjetunion.

Montauk. Eine Erzählung und *Max Frisch. Stichworte*, zusammengestellt von Uwe Johnson, erscheinen im Suhrkamp Verlag, Frankfurt a. M. Auf Einladung des deutschen Bundeskanzlers Helmut Schmidt mit dessen Delegation in China.

1976

16. Januar: Herzinfarkt. Breite Diskussion in der Bundesrepublik über Anderschs Gedicht *Artikel 3 (3)*.

Zum 65. Geburtstag erscheinen Frischs *Gesammelte Werke in zeitlicher Folge.* Friedenspreis des deutschen Buchhandels.

1977

empört euch der himmel ist blau. Gedichte und Nachdichtungen 1946–1977, Diogenes Verlag, Zürich. 27. Oktober: erste Dialyse.

1978

August: Nierentransplantation. Verfilmung: *Winterspelt* (Regie: Eberhard Fechner).

Triptychon. Drei szenische Bilder, Suhrkamp Verlag, Frankfurt a. M.

1979

9. März: Frisch hält seine Laudatio auf Andersch in Zürich.

Studienausgabe in 15 Bänden anlässlich des 65. Geburtstags.

Der Mensch erscheint im Holozän, Suhrkamp Verlag, Frankfurt a. M. Scheidung von Marianne Frisch-Oellers.

1980

21. Februar:
Andersch stirbt in Berzona. Postum erscheint *Der Vater eines Mörders. Eine Schulgeschichte,* Diogenes Verlag, Zürich.

Leben in New York und Berzona. Wiederbegegnung mit Alice Locke-Carey.

1982

Blaubart. Eine Erzählung, Suhrkamp Verlag, Frankfurt a. M.

1983

Neue Wohnadresse in Zürich (Stadelhoferstr. 28).
Beginn der Beziehung mit Karin Pilliod-Hatzky.

1986

Jubiläumsausgabe der *Gesammelten Werke.*

1987

13. Oktober:
Gisela Andersch stirbt in Berzona.

1991

4. April:
Frisch stirbt in Zürich.

Anmerkungen

1 Vgl. Roland Berbig, *Das Onsernone-Tal zu gewissen Zeiten. Alfred Andersch und Max Frisch in Berzona,* in: *Alfred Andersch. Sansibar ist überall,* S. 85–94.

2 Brief (Durchschlag) vom 17. Juni 1964, Nachlass Andersch, DLA.

3 Peter von Matt, *[Kommentar zu Max Frischs Brief an Alfred Andersch vom 11. Dezember 1971],* in: *Briefe aus dem 20. Jahrhundert,* hg. von Andreas Bernard und Ulrich Raulff, Frankfurt a. M. 2005, S. 256–260.

4 Vgl. Max Frisch, *Aus dem Berliner Journal,* hg. von Thomas Strässle unter Mitarbeit von Margit Unser, Berlin 2014.

5 Brief vom 4. Januar 1963, zit. nach: Ingeborg Bachmann – Hans Werner Henze, *Briefe einer Freundschaft,* hg. von Hans Höller, mit einem Vorwort von Hans Werner Henze, München 2004, S. 244 f.

6 Brief an Hans Werner Richter, Mitte Dezember 1962, zit. nach: Wolfgang Hildesheimer, *Briefe,* hg. von Silvia Hildesheimer und Dietmar Pleyer, Frankfurt a. M. 1999, S. 120.

7 *Tagebuch 1966–1971,* S. 305.

8 Vgl. Brief (Durchschlag) Anderschs an Hans Magnus Enzensberger, 1. November 1961, DLA.

9 Vgl. hierzu Johannes Tuchel, *Alfred Andersch im Nationalsozialismus,* in: *Alfred Andersch. Sansibar ist überall. Seine Welt – in Texten, Bildern, Dokumenten,* hg. von Marcel Korolnik und Annette Korolnik-Andersch, München 2008, S. 31–41; Jörg Döring und Markus Joch (Hg.), *Alfred Andersch ›revisited‹. Werkbiographische Studien im Zeichen der Sebald-Debatte,* Berlin und Boston 2011.

10 Georges-Arthur Goldschmidt im Dialog mit Hans-Jürgen

Heinrichs, *Schwarzfahrer des Lebens,* Frankfurt a. M. 2013, S. 50f.

11 Vgl. Julian Schütt, *Max Frisch. Biographie eines Aufstiegs 1911–1954,* Berlin 2011, S. 176–178.

12 AA GW 2, S. 87.

13 Siegfried Unseld, *Verleger und Literatur,* Vortrag im Universitätsclub Frankfurt, 16. Januar 1958, unveröffentlicht (SUA). – Frisch sah das offenbar ähnlich: »TEXTE UND ZEICHEN gefallen mir. Wenn Andersch sich meldet, gebe ich ihm vielleicht das Hörspiel BIEDERMANN«, schrieb er bereits am 27. April 1955 an Peter Suhrkamp (SUA).

14 *Texte und Zeichen. Eine literarische Zeitschrift,* hg. von Alfred Andersch. Drittes Jahr / 1957 / Sechstes Heft, S. 661.

15 Unveröffentlicht (Durchschlag, SUA).

16 Unveröffentlicht (Durchschlag, DLA).

17 Max Frisch, *Entwürfe zu einem dritten Tagebuch,* hg. und mit einem Nachwort von Peter von Matt, Berlin 2010, S. 13.

18 Andersch kam von einer mehrwöchigen Reise in die Schweiz zurück. Wahrscheinlich am 18. Februar 1957 hatte er sich in Zürich mit Max Frisch im legendären Café Odeon getroffen.

19 Die 1956 gestartete Sendereihe *radio-essay,* die Andersch bis Ende 1958 in Stuttgart leitete, gehörte zu den ambitioniertesten ihrer Art und erlangte bald überregionale Bedeutung, da es ihm gelang, namhafte Autoren als Mitarbeiter zu gewinnen. Anderschs Redaktionsassistent war zunächst der junge Hans Magnus Enzensberger (*1929), 1957 folgte ihm Helmut Heißenbüttel (1921–1996).

20 Andersch spielt auf den berühmten Schauspieler und Rezitator Ernst Ginsberg (1904–1964) an, der 1933 in die Schweiz emigrierte und seitdem dem Zürcher Schauspielhaus verbunden war. Frisch stand mit ihm spätestens seit 1948 in Kontakt.

21 Frischs Verleger Peter Suhrkamp schrieb er darüber am 6. März 1957: »[...] ich hatte vor ca. 14 Tagen ein Gespräch mit Herrn Max Frisch in Zürich, und wir sind übereingekommen, daß

Herr Frisch Teile seines neuen Romans *[Homo faber]* in einer Sendung meiner Redaktion Radio-Essay im Süddeutschen Rundfunk vorstellt, sobald er das Manuskript abgeschlossen hat. [...] Ich möchte Sie bitten, auch Ihrerseits das Unternehmen zu unterstützen. [...] Herr Frisch hat mir auch zugesagt, daß er mir eine Partie aus dem Roman zur Veröffentlichung in meiner Zeitschrift ›Texte und Zeichen‹ überläßt, worum ich ihn gebeten habe unter der Voraussetzung, daß ›Texte und Zeichen‹ dann tatsächlich die erste Veröffentlichung aus dem Roman übernehmen kann. An einer Parallel-Veröffentlichung zusammen mit anderen literarischen Zeitschriften bin ich nicht interessiert. Ich könnte für eine Vorveröffentlichung aus dem Roman 20–25 Druckseiten einräumen.« (SUA)

22 Seit dem 31. August 1955 wohnten Alfred und Gisela Andersch zusammen mit den Kindern Michael, Martin und Annette in der Grünewaldstraße 34 im Stuttgarter Stadtteil Killesberg.

23 Von 1955 bis 1957 gab Andersch parallel zu seiner Rundfunktätigkeit und zu seinen eigenen literarischen Arbeiten im Luchterhand Verlag die Literaturzeitschrift *Texte und Zeichen* heraus. Auf diesen zwei publizistischen Standbeinen – Radio und Zeitschrift – gelang es ihm, die besten Autoren der oft so provinziellen fünfziger Jahre zu gewinnen. Die Liste derjenigen, die ihm Texte zur Verfügung stellten, ist eindrucksvoll – von Theodor W. Adorno, Ingeborg Bachmann, Max Bense, Paul Celan, Hans Werner Henze und Walter Muschg bis hin zu Arno Schmidt, an dem Andersch besonders viel lag. Das Erscheinen der Zeitschrift wurde aus wirtschaftlichen Gründen eingestellt. 1957 versuchte Andersch mit ihr einen Verlagswechsel zu Suhrkamp. Hierüber berichtete der Lektor Walter Maria Guggenheimer am 11. Juli 1957 Peter Suhrkamp in einer verlagsinternen Aktennotiz: »Andersch benutzte das 2. Telefongespräch in mich überraschender Weise dazu, erneut wegen der Übernahme seiner Zeitschrift anzutippen. Ich wiederholte ihm Ihren Bescheid, für eine Zeitschrift sei der Verlag noch

nicht stark genug. Andersch erschien mir einigermaßen verschnupft; ich frage mich, ob er die Bemühungen um Frisch, mit denen er dem Verlag ja entgegenzukommen glaubt, nicht sehr stark im Hinblick auf die Zeitschriftenfrage betreibt.« (SUA)

24 Zur gleichen Zeit kam es in schriftlicher Form zu einem regelrechten Streit zwischen dem Suhrkamp Verlag und Andersch. Am 13. Juli 1957 schrieb Andersch an den Verlag: »Im Bewusstsein, damit die Aussicht, einen Frisch-Text zu bekommen, endgültig verspielt zu haben (Endspiel von T[exte]u[nd] Z[eichen] – auch wir landen in der Mülltonne), und mit der Bitte, diese letzten Reste von Sensibilität in meinem ansonsten so robusten – Verzeihung: beneidenswert dynamischen – Gesamtbild zu verzeihen, bin ich mit respektvollster Verbeugung (oh nein, das ist nicht ironisch gemeint, das schauerlich Traurige dabei ist ja, dass Herr Suhrkamp in der Tat ein grosser Verleger ist) vor Herrn Suhrkamp, Ihr Alfred Andersch« – Peter Suhrkamp war über den in diesem Brief angeschlagenen Ton selbstverständlich wenig erfreut. Schließlich beendete Frisch die Auseinandersetzung, indem er Andersch einen Textauszug aus *Homo faber* zur Verfügung stellte. Andersch teilte Guggenheimer am 23. Juli 1957 mit: »[…] während wir uns zankten, hat Herr Frisch gearbeitet und mir einen Ausschnitt herausgesucht, der so gut ist, dass ich Sie, im Interesse des Autors, im Interesse der Zeitschrift, händeringend anflehe, den Abdruck desselben in ›Texte und Zeichen‹ vom 15. September zu genehmigen.« Eine Kopie dieses Briefes hat auch Frisch erhalten, der Suhrkamp am 31. Juli 1957 schrieb: »Leseproben – die erste in der NZZ ist erschienen mit dem besprochenen Hinweis auf Verlag. Ich hoffe, dass Sie dem Andersch (den Sie gar nicht mögen) nicht in den Arm gefallen sind; ich gab ihm eine Probe.« (Alle Zitate aus unveröffentlichten Materialien, SUA.) – Unter dem Titel *Vater und Tochter* erschien schließlich ein längerer Vorabdruck aus *Homo faber* im letzten Heft von *Texte und Zeichen* (Heft 3, 1957, S. 456–470).

25 Die Anderschs hielten sich dort vom 20. Juli 1957 an auf.

Am 12. Juni 1957 schrieb Andersch an seine Mutter Hedwig Andersch: »Ich hatte – auf eine Anzeige in der Neuen Zürcher Zeitung hin – mit Leuten korrespondiert und ich habe im Onsernone-Tal, einem Gebirgstal, das sich von Locarno aus gen Westen zieht, ein Haus gekauft, ein tessiner Rustico-Haus mit vier Zimmern, mit Möbeln, Betten, Geschirr und allen Geräten voll eingerichtet, mit Garten, Altane, Terrasse und mit 35 000 qum Grund, zu denen ein Bach gehört, mehrere Kastanienwälder (Edelkastanien!), eine grosse flache Spielwiese und eine Garage. Das ganze Ding kostet 40 000,– schweizer Franken, wovon die Hälfte als Hypothek stehen bleibt, die andere Hälfte finanziert mir der [Walter] Verlag in Olten, mit dem ich ja einen sehr wertvollen Vertrag abgeschlossen habe. Das Haus war bisher das Ferienhaus des reizendsten alten schweizer Ehepaars, die sich jetzt bei Lugano ein neues Haus gebaut haben. Auch wir werden das Haus in den nächsten zwei Jahren nur als Ferienhaus benützen können, denn ich muss es mir ja erst verdienen und ausserdem wollen wir es ein wenig umbauen, aber dann soll es unser ständiger Wohnsitz werden. Die landschaftliche Lage ist völlig einzigartig, Süden und Gebirge in einem. Das Bergnest heisst Berzona, es besteht aus 20 Häusern, die Holländern, Deutschen, Schweizern, Engländern und einer baltischen Baronin gehören, auch ein paar Einheimische gibt es noch, und die Kirche hat den schönsten Campanile des Tessin.« (DLA, vgl. AA, *»…einmal wirklich leben«*, S. 109 f.)

26 Offenbar ist ein vorangegangener Brief von Frisch verloren. Es konnte nicht ermittelt werden, wer die »Brechtianer« waren. Frisch hatte Bertolt Brecht am 9. November 1947 persönlich kennengelernt (vgl. MF, GW VI, S. 20–38; Jan Bürger, *Max Frisch: Das Tagebuch,* Marbacher Magazin 133, Marbach a. N. 2011, S. 18–29) und stand bis zu dessen Tod am 14. August 1956 mit ihm in Verbindung. – Im August 1957 arbeitete Frisch intensiv an der Schlusskorrektur seines Romans *Homo faber.* Ende des Monats reiste er nach Istanbul, Beirut, Bagdad, Jerusalem und Damaskus.

27 Die geplante Radiolesung aus *Homo faber* kam letztlich nicht zustande. In den folgenden Jahren wies Andersch aber gelegentlich auf Frisch und dessen »glänzendes modernes Kunstwerk« hin (AA, GW 8, S. 380).

28 Vorangegangen waren zwei Briefe von Heißenbüttel (29. Oktober und 12. November 1957) und einer von Frisch an Heißenbüttel (9. November 1957), in dem dieser seine Kooperationsbereitschaft in Bezug auf Rundfunksendungen bekundete (Historisches Archiv des SWR). Die kritische Würdigung aus der Feder von Anderschs Assistenten wurde am 21. Februar 1958 im Süddeutschen Rundfunk gesendet. Heißenbüttel ging in seinem Radio-Essay *Max Frisch oder Die Kunst des Schreibens in dieser Zeit* auf Frischs bisheriges Gesamtwerk ein. In gedruckter Form erschien der Beitrag erst 1971 in dem von Thomas Beckermann herausgegebenen Band *Über Max Frisch* (Frankfurt a. M., S. 54–68). Heißenbüttel kommt in ihm zu dem Schluss: »Vorläufig [...] wäre nur eins festzustellen, daß nämlich der Ruhm Frischs ein Mißverständnis und ein Symptom zugleich zu sein scheint. Mißverständnis insofern, als offenbar nicht die Problematik, sondern der Anschein gesehen wird. Mißverständnis insofern, als das Werk Frischs aus der sogenannten Moderne ausgeklammert wird. Und Mißverständnis insofern, als nicht erkannt wird, daß es sich hier um eine grundlegende, ausweglose, ja vernichtende Problematik handelt, sondern so getan, als spiele sich alles im Bereich des üblichen ab. Symptom aber ist der Ruhm Frischs dafür, daß man allzuleicht bereit ist, sich zufrieden zu geben, den bequemsten Weg zu gehen. Frisch kommt dem entgegen, gewiß, er tut eins nie, er schockiert nicht, aber weiß man denn, ob er nicht vielleicht nur Fußangeln setzt, ob er nicht vielleicht hinterhältiger ist als all die sogenannten unerfreulichen Autoren? Das Verhalten Frischs Werk gegenüber findet eine Entsprechung, nämlich in dem Verhalten des Publikums gegenüber dem Film. Auch im Film kann alles geboten werden, es wird hingenommen, weil man es, und sei es noch so beunruhi-

gend, noch so erschreckend, vorbehaltlich hinnehmen kann, weil man es unverbindlich genießen kann. Tatsächlich grenzt Frischs Werk, wie kaum ein anderes literarisches Werk unserer Zeit, unmittelbar an den Film an.« (S. 68)

29 Im Frühjahr 1959 musste sich Frisch wegen einer Hepatitis längere Zeit im Krankenhaus behandeln lassen. An Siegfried Unseld schrieb er am 30. Mai 1959: »Es ging also nicht gut [...], der vergangene Winter hat mich niedergerissen; die Erschöpfung ist jetzt offenkundig, und der Feind, wie sich beiläufig zeigt, hat sich auch in den Lungenspitzen einzunisten versucht. Das wird aber zu heilen sein. Nur ist der dreiste Mythos meiner Unverwüstlichkeit gefallen; ich werde lernen müssen, wie andere Leute, zu mir selbst Sorge zu tragen.« (SUA) Unseld (1924–2002) leitete seit 1959 den Suhrkamp Verlag, in dem Frischs Werke seit 1950 erschienen. – Anschließend hatte sich Frisch im Sommer 1959 zur Kur in Schuls im Engadin aufgehalten. Von dort aus kehrte er Anfang August gemeinsam mit Ingeborg Bachmann zurück. In Frischs Taschenkalender für das Jahr 1959 ist zum Besuch in Berzona Folgendes vermerkt – Sonntag, 23. August: »Bei Andersch, Berzona«; Montag, 24. August: »Bei Andersch, Berzona / Abends: H.W. Henze u.s.w. (Nachtgespräch)« – Dienstag, 25. August: »Lugano; Franz. / Inge heim.« (MFA) – Der Umzug der Familie Andersch nach Berzona hatte bereits am 24. April 1958 stattgefunden. Am 4. Mai 1958 schrieb Andersch seiner Mutter Hedwig: »[...] ich bin vorigen freitag sehr gut in berzona angekommen. der bau macht gute fortschritte, ich nehme an, dass wir das haus im wesentlichen ab 1. juni werden bewohnen können.« (DLA)

30 Andersch gehörte für Ingeborg Bachmann zu den frühesten Kontaktpersonen im deutschen Literaturbetrieb. Ihr Debüt *Die gestundete Zeit* erschien 1953 in der von Andersch herausgegebenen Buchreihe *studio frankfurt* (vgl. hierzu Sigrid Weigel, *Ingeborg Bachmann. Hinterlassenschaften unter Wahrung des Briefgeheimnisses,* Wien 1999, S. 335 f.). Bachmann

und Frisch hatten sich am 3. Juli 1958 in Paris kennengelernt. Im November desselben Jahres war sie zu ihm nach Zürich in die Feldeggstraße 21 übergesiedelt. Im Februar 1959 zogen die beiden in das Haus am Langenbaum in Uetikon – »eine sehr erfreuliche Wohnung in einem alten Bürgerhaus (anno 1634) mit hohen Zimmern und Blick auf den See« (Frisch an Peter Suhrkamp, 28. Oktober 1958, DLA). – Über die Vorstellung, eine Immobilie im Tessin zu erwerben, hat Bachmann sich danach auch mit Hans Werner Henze ausgetauscht. Dieser antwortete ihr auf einen nicht überlieferten Brief am 12. September 1959: »Berzona und das ganze Tessin: unmöglich, leider, für uns, es wurde vor uns schon von anderen entdeckt, aber das sagt nichts gegen Andersch, der hat nichts damit zu tun und wird sich ja wohl auch aus der Künstlerkolonischen Atmosphäre heraushalten.« (Ingeborg Bachmann – Hans Werner Henze, *Briefe einer Freundschaft*, hg. von Hans Höller, mit einem Vorwort von Hans Werner Henze, München 2004, S. 227)

31 Der Brief wurde vervielfältigt und im Herbst 1960 an zahlreiche Adressaten verschickt. Den in Anderschs Nachlass überlieferten Unterlagen zufolge wurden um die Unterzeichnung gebeten: Theodor W. Adorno, Ilse Aichinger, Stefan Andres, Ingeborg Bachmann, Karl Barth, Max Bense, Heinrich Böll, Walter Dirks, Friedrich Dürrenmatt, Günter Eich, Hans Magnus Enzensberger, Gertrud von le Fort, Leonhard Frank, Albrecht Goes, Günter Grass, Helmut Heißenbüttel, Hans Werner Henze, Wolfgang Hildesheimer, Walter Höllerer, Karl Jaspers, Walter Jens, Uwe Johnson, Ernst Jünger, Hermann Kasack, Marie Luise Kaschnitz, Erich Kästner, Hermann Kesten, Wolfgang Koeppen, Eugen Kogon, Karl Krolow, Ferdinand Lion, Golo Mann, Walter Muschg, Rudolf Pechel, Hans Werner Richter, Luise Rinser, Paul Schallück, Arno Schmidt, Wolfdietrich Schnurre, Inge Scholl, Dolf Sternberger, Martin Walser und Otto F. Walter.

32 Frisch hatte offenbar vor, ausführlich über seine Lektüre von

Anderschs neuem Roman *Die Rote* zu schreiben, der vom 29. August bis zum 22. Oktober 1960 in der *Frankfurter Allgemeinen Zeitung* als Vorabdruck und im Walter Verlag, Olten, als Buch erschienen war.

33 Im Typoskript: gewissen

34 *Die Rote* wurde in den Feuilletons kontrovers diskutiert. Kritisch äußerten sich Robert Neumann in der ZEIT vom 28. Oktober 1960 und Hans Egon Holthusen in der *Neuen Zürcher Zeitung* vom 19. Oktober 1960 (hierzu: AA, GW 1, S. 515–520). Im Buchhandel war der Roman außerordentlich erfolgreich.

35 Dies bezieht sich auf den gemeinsam verfassten Offenen Brief zum Algerien-Konflikt – *vgl. Nr. 6.*

36 Entgegen dieser Auskunft findet sich der Name des Schriftstellers unter mehreren Abdrucken des offenen Briefes.

37 Auch seiner Mutter Hedwig berichtete Andersch am 19. November 1960, dass er mit dem Abschluss seines »Stücks« beschäftigt sei. Wahrscheinlich sprach er von *Russisches Roulette,* das am 14. Oktober 1961 als Hörspiel gesendet wurde. Andersch hatte das Stück zunächst für die Theaterbühne konzipiert und dann für den Rundfunk und das Fernsehen umgearbeitet (s. AA, GW 7, S. 237–270 und 467). – Hans Werner Henze gegenüber gestand Andersch am 26. Dezember 1961: »Ich habe viel Zeit verloren. Zuerst habe ich ein Stück geschrieben, auf das hin mich die Suhrkamp-Leute als Dramatiker begrüßten, aber ich habe es zurückgezogen und es wird nie das ohnehin zweifelhafte Licht der Bühne erblicken. Es ist schwerfällig konstruiert, mühsam und unentschieden.« (DLA)

38 Eine journalistische Arbeit von Andersch über Frisch konnte bislang nicht ermittelt werden. Möglicherweise bedankt sich Frisch auch nur für ein Geschenk zum 50. Geburtstag.

39 Vom 9. bis zum 23. Mai 1961 waren Frisch und Ingeborg Bachmann gemeinsam in Griechenland.

40 Anderschs hielten sich seit Ende 1962 in Rom auf. Der äußere

Grund hierfür war die Ausbildung der Kinder Martin und Annette, die in Rom die Deutsche Schule besuchen sollten. Vom 1. Dezember 1962 an wohnte die Familie in der Via di Santa Melania 1, im März 1963 wurde für Gisela ein kleines Atelier in der Via Margutta hinzugemietet. – Laut Anderschs Terminkalender befand er sich seit dem 2. Mai 1963 auf Reisen, u. a. in Frankfurt a. M. und Capri (DLA).

41 Über das Ende der Monate in Rom schrieb Andersch an seine Mutter Hedwig: »Max Frisch hat Giselas Atelier übernommen; wir sind hier viel mit ihm zusammen. Vorige Woche haben wir mit dem deutschen Botschafter gegessen – ein grauslicher Kerl. Am 28.6. fahren wir hier ab nach Berzona!« (14. Juni 1963, DLA, vgl. AA, *»... einmal wirklich leben«*, S. 146) – Seit Juni 1961 hatte Frisch zunächst zusammen mit Ingeborg Bachmann eine ausgesprochen luxuriöse Wohnung in der Via de Notaris bewohnt. Am 28. April 1961 informierte er seinen Verleger Siegfried Unseld über das Domizil: »Ich schreibe Ihnen, weil Ingeborg hat durchblicken lassen, dass Sie im Mai vielleicht nach Rom kommen. Eine liebe Idee! Nur müssten wir das etwas verschieben, da wir zu meiner Ende-Jugend-Feier [seinem 50. Geburtstag – J. B.] nicht in Rom sein werden, sondern irgendwo unterwegs im Land, Standort unbestimmt, und vorallem: ab 1. Juni haben wir die neue Wohnung, und dann wäre Ihr Besuch viel komfortabler mit Drink und zwei Terrassen, Dienstmädchen, Blick über Rom. Wir freuen uns sehr darauf, es ist eine himmlische Wohnung, grand luxe, eine Folge der Nachricht, dass mehrere Theater das neue Stück machen werden, und aus dem unmelancholischen Gefühl, dass es Zeit wird für die Erfüllung irdischer Wünsche. Sie werden ja sehen. Also: wir ziehen dort oben ein am 1. Juni, etwa am 9. Juni kommt meine Mutter, die 86-jährige, die findet, wenn Churchill und Adenauer noch fliegen können, kann sie's auch. Am 20. Juni muss ich leider in Zürich sein, am 27. wieder in Rom. / Neue Adresse ab 1. Juni: via de Notaris 1 F« (SUA). – Über seine Pläne nach der Trennung von Bachmann

informierte Frisch Unseld ebenfalls genau. In einem Brief vom 17. Mai 1963 heißt es: »Also: ich bleibe in der via de Notaris bis Ende Juni, dann ziehe ich in eine kleine weisse Wohnung in dem weissen Fischerstädtchen namens Sperlonga und zwar, wenn ich's aushalte, bis Ende September. Kein Telefon. Adresse: Fermo Posta, Sperlonga, Italia. Dort will ich einmal die 700 Seiten [des Romans *Mein Name sei Gantenbein*], die jetzt getippt sind, mit dem Rotstift durchlesen; ich bin mehr als gespannt, ob das Ganze möglich ist oder nicht. Ich weiss es wirklich noch nicht. Ich werde es sehen. Ich weiss nur, dass ich jetzt aus dieser Arbeit heraus muss.« (SUA)

42 Im Typoskript: Anfangs

43 Andersch spielt auf den Journalisten und Schriftsteller Giancarlo Vigorelli (1913–2005) an, einen Bekannten aus Rom.

44 Nach der Trennung von Ingeborg Bachmann lebte Frisch seit 1962 mit Marianne Oellers (*1939) zusammen. 1968 wurde sie seine zweite Frau, 1979 ließen sich die beiden scheiden.

45 *Vgl. Anm. 41.*

46 Nach Ingeborg Bachmanns dramatischem Tod im Oktober 1973 hat Frisch die Verbrennung des erwähnten Tagebuchs in der Erzählung *Montauk* verarbeitet: »Ingeborg ist tot. Zuletzt gesprochen haben wir uns 1963 in einem römischen Café vormittags; ich höre, daß sie in jener Wohnung [in Uetikon am See], Haus zum Langenbaum, mein Tagebuch gefunden hat in einer verschlossenen Schublade; sie hat es gelesen und verbrannt. Das Ende haben wir nicht gut bestanden, beide nicht.« (*Montauk,* Frankfurt a. M. 1975, S. 151) – Auch in einem Interview mit Volker Hage vom 24. September 1982 äußerte er sich über diesen Vorfall: »[…] es war ganz sicher ein Tagebuch [aus dem Jahr 1959], das sich ausschließlich um die Beziehung drehte. Ich hätte es wahrscheinlich auch selbst vernichtet, obschon natürlich die Frage bleibt, ob sie das Recht dazu hatte. Ich will das jetzt gar nicht hochspielen. […] Es ging um die vermeintlich letzte Zeit, die wir miteinander hatten. Wir sind dann aber wieder zusammengekommen.« (*Max Frisch. Sein*

Leben in Bildern und Texten, hg. von Volker Hage, Berlin 2011, S. 232, vgl. Hage, S. 102)

47 Gemeint ist der Zürcher Journalist und Schriftsteller Gody Suter.

48 Annette Andersch (*1950), Tochter von Alfred und Gisela Andersch.

49 Laut Taschenkalender waren Anderschs vom 18. bis zum 21. August 1963 in Zürich, möglicherweise kam es dort zu einem Treffen der Familie mit Frisch und Marianne Oellers.

50 Die Anlage ist nicht überliefert, vermutlich schickte Frisch eine Briefkopie, die den Kauf des Hauses in Berzona bestätigte. – Laut Taschenkalender hielten sich die Anderschs seit dem 19. Januar 1964 in Berlin auf.

51 Der Berlin-Aufenthalt stand für Andersch auch in Verbindung mit Recherchen für einen neuen Roman, den er nach mehrjähriger Arbeit 1967 unter dem Titel *Efraim* im Zürcher Diogenes Verlag herausbrachte.

52 An diesem Tag feierte Andersch seinen 50. Geburtstag.

53 Das berühmte Wort Johann Nepomuk Nestroys aus *Die Papiere des Teufels oder Der Zufall* zitiert Andersch auch im Brief an seine Mutter vom 1. Februar 1964 (vgl. AA, *»... einmal wirklich leben«,* S. 150; Johann Nestroy, *Stücke 18/II, Historisch-kritische Ausgabe,* hg. von Peter Haida, Wien 1996, S. 33).

54 Das Atelier war Teil des Stipendiums für die Akademie der Künste, das Gisela Andersch vom Kulturkreis der Deutschen Industrie für drei Monate finanziert wurde (vgl. Reinhardt, S. 383 f.).

55 Der Antritt des Stipendiums wurde durch organisatorische Probleme überschattet, daher wohnten die Anderschs übergangsweise im Parkhotel Zellermayer in der Meinekestr. 15. Weil es an Arbeitsmöglichkeiten fehlte, stand am Anfang der Zeit in Berlin das gesellschaftliche Leben im Vordergrund: Die Anderschs nutzten das reiche Kulturangebot der Stadt und trafen sich oft mit Hans Werner Richter und dessen Frau Toni (vgl. AA, *»... einmal wirklich leben«,* S. 148–151).

56 Durch Vermittlung Hans Werner Richters hatte Andersch sofort Kontakt zum Kreis um das 1963 gegründete Literarische Colloquium Berlin, hier traf er u. a. Günter Grass, Walter Höllerer, Uwe Johnson und Gerd Bucerius (vgl. Reinhardt, S. 384).

57 Marta Regazzoni war die Besitzerin des Dorfladens in Berzona, Fulvio Terribilini der Dorfschullehrer.

58 Im Typoskript: und

59 Im Typoskript: Elegenaz

60 Andersch kannte Grass, Höllerer und Johnson bereits aus der Gruppe 47, ebenso den Schriftsteller Wolfdietrich Schnurre. Mit Ernst Schnabel hatte er beim Nordwestdeutschen Rundfunk zusammengearbeitet. Friedrich Luft gehörte zu den bekanntesten Theater- und Filmkritikern dieser Jahre. Der Literaturwissenschaftler und Schriftsteller Walter Höllerer (1922–2003) zählte zu den einflussreichsten Persönlichkeiten des literarischen Lebens in Berlin: 1961 gründete er die Zeitschrift *Sprache im technischen Zeitalter*, 1963 das Literarische Colloquium Berlin.

61 Ingeborg Bachmann hielt sich seit April 1963 in Berlin auf. Zunächst wohnte sie wie die Anderschs bei ihrem Berlin-Aufenthalt in einer Gästewohnung der Akademie der Künste, im Juni zog sie dann in die Koenigsallee in Berlin-Grunewald.

62 Im Winter 1963/64 hatte Frisch kritische Kommentare von Siegfried Unseld und mehreren Mitarbeitern des Suhrkamp Verlags zu seinem Roman-Manuskript *Lila* erhalten. Das Buch erschien im Herbst 1964 unter dem Titel *Mein Name sei Gantenbein.*

63 Im Typoskript: Vertragsverländerung

64 In der Spielzeit 1963/64 wurde Frischs *Andorra* am neuen National Theatre in London aufgeführt. Die Übersetzung stammte von Michael Bullock, Regie führte Lindsay Anderson. Bei der Premiere Ende Januar waren nicht nur Frisch und Marianne Oellers anwesend, sondern auch Siegfried Unseld und Samuel Beckett (1906–1989), für den sich Andersch be-

reits in seiner Zeit als SDR-Redakteur und Herausgeber von *Texte und Zeichen* eingesetzt hatte (vgl. hierzu die Ausführungen über Beckett in *Efraim,* AA, GW 2, S. 261). Beckett wohnte in London im selben Hotel wie Frisch.

65 Marianne Oellers war Uwe Johnson 1962 in der Villa Massimo in Rom begegnet, wo dieser gleichzeitig mit ihrem damaligen Lebensgefährten Tankred Dorst für neun Monate Stipendiat war. In dieser Zeit hatte Johnson Frisch und Ingeborg Bachmann mehrmals in der Via de Notaris besucht (vgl. Frisch/Johnson, S. 11f.).

66 Laut Taschenkalender hat Andersch Berlin am 20. März 1964 verlassen.

67 Ingrid Bachér (*1930), Schriftstellerin, nahm an Tagungen der Gruppe 47 teil, lebte von 1960 bis 1967 in Rom. 1964 erschien von ihr *Ich und ich* im Frankfurter Insel Verlag.

68 Berühmter Flohmarkt in Rom.

69 Frisch bereitete den Roman *Mein Name sei Gantenbein* für die Veröffentlichung vor.

70 Frisch wurde im Februar 1963 eingeladen, als Preisrichter beim Projektwettbewerb für ein neues Schauspielhaus mitzuwirken, und übernahm dieses Amt als Dramatiker und Architekt mit großem Interesse und Engagement (vgl. Bruno Maurer, *»ich bin konservativ«. Max Frisch (1911–1991) und das neue Schauspielhaus in Zürich,* in: *Kunst + Architektur in der Schweiz,* Heft 4/2011, S. 12–19).

71 Ein Landwirt, der Frisch das Grundstück und das Haus verkauft hat.

72 Andersch arbeitete an seinem neuen Roman *Efraim.*

73 Der Neubau der Berliner Philharmonie von Hans Scharoun war am 15. Oktober 1963 eröffnet worden. Am 20. April 1964 beglückwünschte Frisch Scharoun persönlich zu seinem Bau (MFA).

74 Frisch spielt auf die Kapelle Notre Dame du Haut von Ronchamp an, die nach Plänen von Le Corbusier erbaut wurde.

75 Die Zusammenkunft fand im Haus von Siegfried Unseld statt.

In einem Brief vom 19. April 1964 entschuldigte sich Frisch bei Unseld für sein Benehmen (SUA).

76 Die Auschwitzprozesse fanden seit 1963 in Frankfurt a. M. statt.

77 Gemeint ist das Hotel Tamaro in Ascona.

78 Andersch bedankte sich für ein Vorab-Exemplar von Frischs neuem Roman *Mein Name sei Gantenbein.*

79 Lesungsalternative: Mich

80 Andersch arbeitete an seinem Roman *Efraim.*

81 Anderschs Lektüre von Henry James (1843–1916) schlug sich auch in *Efraim* nieder (vgl. AA, GW 2, S. 106 und 417f.).

82 Annette Andersch wechselte im Sommer 1964 auf eine Schule in Davos.

83 *Winkelried:* sprichwörtliche Wendung für einen getreuen Mann, der sogar den selbstmörderischen Einsatz vor dem Feind nicht scheut, zurückzuführen auf die berühmte Schlacht von Sempach, in der sich Arnold Winkelried 1386 in den Tod gestürzt haben soll, was der eidgenössischen Armee letztlich zum Sieg über die Habsburger verholfen habe.

84 Der Regisseur und Dramaturg Kurt Hirschfeld (1902–1964) emigrierte 1933 nach Zürich und war seit 1938 Dramaturg am Schauspielhaus Zürich, wo er in den vierziger Jahren zu Frischs wichtigsten Förderern zählte.

85 Frisch, Marianne Oellers und Anderschs waren jetzt Nachbarn. Am 9. Mai 1965 schrieb Andersch seiner Tochter Annette: »gestern haben wir zum erstenmal bei max und marianne kaffee getrunken, die aber noch mitten im auspacken sind. ich glaube, ihr haus wird sehr schön. marianne geht zaghaft durch die räume und wundert sich wohl ein bisschen darüber, dass sie jetzt hausfrau in berzona sein soll. so wird es wohl auch dir eines tages gehen. auf einmal wirst du irgendwo durch irgendwelche räume gehen, alles wird dir weltfremd vorkommen und dein erster impuls wird sein, davonzulaufen. später gibt sich's dann.« (Privatbesitz Annette Korolnik) Offiziell meldete sich Frisch am 15. Mai in Berzona an.

86 Wegen seines Nierenleidens musste Andersch seit dem 28. März 1966 zunächst in Locarno und anschließend in Zürich stationär behandelt werden. Am 29. April wurde er aus dem Kantonsspital Zürich entlassen und zog daraufhin in eine neu gemietete Wohnung in Basel.

87 Frisch spielt auf Gisela Anderschs Atelier-Anbau an; zur Wohnsituation in Berzona siehe S. 112–114.

88 Über seine erste Reise in die Sowjetunion im Mai 1966, auf der er nicht nur von Marianne Oellers, sondern auch von Tankred Dorst begleitet wurde, verfasste Frisch einen Text, der in sein *Tagebuch 1966–1971* aufgenommen werden sollte, vor Drucklegung aber gestrichen wurde (vgl. Frisch/Johnson, S. 250–252). Darin hält er u. a. folgende Eindrücke fest: »BIEDERMANN UND DIE BRANDSTIFTER im satirischen Theater, eine sehr gute Aufführung, nachher Geburtstag mit Champagner, Umarmungen, die grosse Herzlichkeit. Das Grab von Tschechow mit Kirschbaum, unweit davon das Grab von Gogol, von Stanislawsky; das Haus von Tschechow. [...] GALILEO GALILEI, eine groteske Aufführung, aber deutlich, welcher Klerus gemeint ist; man fürchtet, dass die Aufführung verboten werde. Unter den grossen Bildnissen von Lenin, die überall zu sehen sind, eine ordentliche Grossmacht von Spiessbürgern –«

89 Im Mai wurde eine Ausstellung mit Gisela Anderschs Bildern im Von der Heydt-Museum in Wuppertal eröffnet. Bei der Vernissage trafen die Anderschs u. a. Heinrich Böll (vgl. AA, *»... einmal wirklich leben«*, S. 167).

90 Frischs Anmerkungen zu Anderschs Roman beziehen sich auf die in dessen Nachlass überlieferte Typoskript-Fassung, die offenbar als Druckvorlage diente. In diesem Stadium trug das Buch noch den Titel *Verlorene Partie.* Anfang 1967 entschied sich Andersch, mit *Efraim* in den Diogenes Verlag zu wechseln, wo der Roman im Herbstprogramm mit einer Erstauflage von 28 000 Exemplaren erschien.

91 Frisch spricht von folgender Stelle in Anderschs Manuskript:

»Meine gewohnte Mittagsmüdigkeit überkommt mich. Ich lege mich aufs Bett, esse zwei Aepfel, lese den Messagero, lasse ihn sinken und schlafe eine Viertelstunde. ~~(Ein Satz wie dieser wirft wieder einmal das Problem der grammatischen Zeit auf. Er kann nur geschrieben worden sein, nachdem ich geschlafen habe; die Gegenwart hat in ihm also künstlichen Charakter.)~~ Nach dem Aufwachen beschliesse ich endgültig, den begonnenen Brief an Keir nicht fortzusetzen.« (DLA)

92 Diese Zeile ist mit Bleistift am linken Rand hervorgehoben.

93 Keir Horne, Romanfigur in *Efraim.*

94 Im Typoskript: räsonniert

95 Die Figur John in *Efraim* hat Ähnlichkeiten mit dem Schriftsteller und Journalisten Gustav René Hocke (1908–1985).

96 Anna Krystek ist eine der weiblichen Hauptfiguren, eine junge Berliner Schauspielerin, in die sich George Efraim verliebt.

97 Im Typoskript: der der

98 An dieser Stelle springt die Paginierung des Typoskripts von 6 auf 8 – möglicherweise Textverlust von einer Seite.

99 *Literatur als Korsett?… Ohrfeige;:* mit Bleistift am linken Rand hervorgehoben.

100 *Seine Biografie gibt einen Querschnitt… des Wortes:* mit Bleistift am linken Rand hervorgehoben.

101 Meg, Romanfigur in *Efraim:* Ehefrau der Hauptperson George Efraim.

102 Im Typoskript: bleiben

103 Im Typoskript: Melding

104 Den Regisseur Michelangelo Antonioni (1912–2007) kannten Frisch und Andersch persönlich aus Rom.

105 Im Typoskript: verrraten

106 *Das Epische… finde ich.:* mit Bleistift am linken Rand hervorgehoben.

107 Anspielung auf *Das Prinzip Hoffnung,* das Hauptwerk des bei Suhrkamp verlegten und mit Frisch persönlich bekannten Philosophen Ernst Bloch (1885–1977).

108 Hier springt die Paginierung des Typoskripts von 15 auf 18.

109 Otto F. Walter (1928–1994) war ein Schweizer Verlagsleiter und Schriftsteller. Seit 1956 leitete er den Walter Verlag in Olten, in dem Anderschs Werke von 1957 bis 1963 erschienen, u.a. *Sansibar oder Der letzte Grund, Die Rote* und *Ein Liebhaber des Halbschattens.*

110 Zeitweilig erwog Andersch, den Roman *Der Schaukelstuhl* zu nennen, letztlich entschied er sich auf Frischs Rat hin für *Efraim.*

111 *Dass das grosse Feld, das dieser Ich-Bericht aussteckt… Schwierigkeit des Schreibens –:* mit Bleistift am linken Rand hervorgehoben.

112 Im Typoskript: naccher

113 *Ich gratuliere! Max:* handschriftlich.

114 Diese Falschmeldung kommentierte auch Siegfried Unseld in einem Reisebericht über seinen Aufenthalt in New York anlässlich des 60. Geburtstags von Frisch: »Dann las er wohl am Tage seines Geburtstags [Karl Heinz] Bohrers Artikel in der FAZ ›Max Frisch und wir‹, in dem erwähnt wurde, wie sehr sein neues Schreiben in die Banalität abgleite. Er hatte kurz nach seinem Geburtstag auch verschiedene Telefonate erhalten, in denen ihm von der Todesnachricht berichtet wurde. Fräulein Geisler [Unselds Sekretärin] hatte am Montag in New York angerufen, nachdem der Verlag folgendes Telegramm erhalten hat: ›wir haben aus deutschland erfahren, daß der schweizer schriftsteller max frisch gestorben sei. wir fragen herrn unseld bei ihnen an, ob er das bestätigen kann. würden sie bitte der schweizerischen agentur in bern, herrn graf – inlandsredaktion – bescheid geben. besten dank für ihre bemühung. schweizer depeschen-agentur.‹« (Bericht vom 3. Juni 1971, DLA) Insgesamt wurde Frischs von Unseld arrangierte Geburtstagsfeier von allen Beteiligten als missglückt empfunden.

115 Seine Zeit in New York beschrieb Frisch ausführlich in seinem für die Öffentlichkeit verfassten *Tagebuch 1966–1971* (vgl. MF, GW VI, S. 333–401).

116 Frisch hielt ein Seminar an der Columbia University über die »Erzähler-Position« (vgl. MF, GW VI, S. 349; Frisch/Johnson, S. 16).

117 Der Maler und Graphiker Gottfried Honegger (*1917) war mit Frisch eng befreundet.

118 1971 war Anderschs Erzählungsband *Mein Verschwinden in Providence* als sein drittes Buch im Diogenes Verlag erschienen.

119 Frisch bereitete sein *Tagebuch 1966–1971* für den Druck vor.

120 Frisch spielt auf die ausführlichen Passagen über Bertolt Brecht in seinem *Tagebuch 1946–1949* (Frankfurt a. M. 1950) an, seiner ersten Veröffentlichung im Suhrkamp Verlag.

121 Im Typoskript: Gesundheitheit

122 Christiane Zimmer (1902–1987) war die Tochter von Hugo von Hofmannsthal. 1928 hatte sie den Indologen Heinrich Zimmer geheiratet. Mit ihm ging sie 1940 ins amerikanische Exil. In New York arbeitete sie als Sozialarbeiterin und Sozialwissenschaftlerin. Ihre Gastfreundlichkeit war legendär. Besonders unter deutschsprachigen Intellektuellen und Schriftstellern galt ihre Wohnung als wichtiger Treffpunkt.

123 Heinrich Böll (1917–1985) fühlte sich Andersch seit den späten 1940er Jahren freundschaftlich verbunden. – Arno Schmidt (1914–1979) gehörte zu jenen Kollegen, für die sich Andersch nachhaltig einsetzte. Am 19. August 1952 hatte er ihn bei einem Treffen im Süddeutschen Rundfunk kennengelernt; seitdem korrespondierten die beiden miteinander (vgl. Arno Schmidt, *Der Briefwechsel mit Alfred Andersch,* hg. von Bernd Rauschenbach, Zürich 1985).

124 Andersch bemühte sich in dieser Zeit um die Schweizer Staatsbürgerschaft.

125 In der Tat finden sich solche Reflexionen in der späteren Veröffentlichung, die mit der gestrichenen, sich auf Andersch beziehenden Äußerung korrespondieren und diese in einen größeren Zusammenhang stellen. Gleich auf den ersten Seiten von *Tagebuch 1966–1971* (Frankfurt a. M. 1972) heißt es: »Tatsäch-

lich haben Ausländer, die in der Schweiz wohnen, oft ein froheres Verhältnis zu diesem Land als unsereiner. Sie enthalten sich jeder fundamentalen Kritik; unsere eigene Kritik ist ihnen eher peinlich, sie möchten diesbezüglich verschont bleiben. Was, außer dem schweizerischen Bankgeheimnis, zieht sie an? Offenbar doch allerlei: Landschaftliches, die zentrale Lage in Europa, die Sauberkeit, Stabilität der Währung, weniger der Menschenschlag (da verraten sie sich gelegentlich durch pejorative Klischees), vorallem aber eine Art von Dispens: es genügt hier, daß man Geld und Papiere in Ordnung hat und auf keine Veränderung sinnt. Wenn nicht gerade die Fremdenpolizei sie ärgert, so ist die Schweiz für den Ausländer in der Schweiz kein Thema. Was sie genießen: Geschichtslosigkeit als Komfort.« (MF, GW VI, S. 12)

126 Frisch bereitete sein *Tagebuch 1966–1971* für die Veröffentlichung im Suhrkamp Verlag vor.

127 Einflussreiche Vierteljahresschrift für Politik, Literatur und Kunst, die seit 1934 von William Phillips (1907–2002) herausgegeben wurde.

128 Die Zeitschrift *Kursbuch* wurde 1965 von Hans Magnus Enzensberger und Karl Markus Michel gegründet und avancierte schnell zu einem der einflussreichsten Organe für die Studentenbewegung in der Bundesrepublik. Bis 1970 wurde das *Kursbuch* bei Suhrkamp verlegt, anschließend im Berliner Verlag Klaus Wagenbach, im Rotbuch Verlag und im Rowohlt Verlag.

129 Das geplante Heft, das Marianne und Max Frisch gemeinsam vorbereiteten, wurde schließlich nicht realisiert.

130 In der Handschrift: und und

131 Lesungsalternative: schleichen

132 Darüber schrieb Frisch auch in einem Brief an Wolfgang Hildesheimer am 9. Juni 1972: »Neuigkeiten? Alfred Andersch ist Schweizerbürger geworden, so sagt unsere Haushilfe; ich werde ihn am Sonntag treffen, und obschon etwas vorgefallen ist, war er am Telefon freundlich. Also wir werden uns am Sonn-

tag zu einem Tee treffen. Ich bin bei vermindertem Alkohol-Konsum recht gesund. Ich mache mir täglich irgendeine Hoffnung, aber meine Person muss eine undichte Stelle haben; die Hoffnungen rinnen immerfort aus, und ich habe gelegentlich eine Sekretärin, die für mich antwortet.« (Wolfgang Hildesheimer, *Briefe*, hg. von Silvia Hildesheimer und Dietmar Pleyer, Frankfurt a. M. 1999, S. 178f.)

133 Im Typoskript: dersertieren und in amerksnische

134 *Vgl. Anm. 84.*

135 Im Typoskript: hat,t

136 Im Typoskript: Derserteur

137 Im Typoskript: unsere

138 Der Politiker Franz Josef Strauß (1915–1988) war seit 1971 wirtschafts- und finanzpolitischer Sprecher der CDU/CSU-Fraktion im Deutschen Bundestag und hätte nach der Wahl zum 7. Deutschen Bundestag am 19. November 1972 Finanzminister werden können, wenn die CDU die Wahl nicht verloren hätte.

139 Frisch spielt auf Anderschs Brief vom 12. April 1968 an Gustav Heinemann (1899–1976) an, den damaligen Bundesminister für Justiz. Darin heißt es: »anlässlich des Attentats auf Rudi Dutschke, dessen Ansichten ich nicht teile, frage ich Sie: / Wo bleiben Ihre Massnahmen gegen Axel Springer, der nun seit Jahren das Gesindel gegen die deutsche Jugend und den deutschen Geist hetzt? / Wann verbieten Sie endlich die NPD und die Nationalzeitung, – ohne auf das Bundesgericht zu warten! –, aufgrund von Artikel 139 des Grundgesetzes? / Der Feind steht rechts, Herr Minister!« (DLA, vgl. Reinhardt, S. 448)

140 Andersch feierte an diesem Tag seinen 60. Geburtstag.

141 Laut seinem Taschenkalender reiste Andersch am 12. Oktober 1975 nach Moskau, am 31. Oktober 1975 kehrte er nach Zürich zurück. Zusammen mit Günter Grass, Peter Härtling und Siegfried Lenz nahm er dort am 13. und 14. Oktober an einer Konferenz über die »Lehren aus der Literatur zum zweiten

Weltkrieg und die Aufgaben des Schriftstellers der *détente*« teil (vgl. AA, GW 10, S. 646f., und Alfred Andersch – Konstantin Simonow, *Zürich – Moskau. Ein Briefwechsel*, Berlin (Ost) 1978).

142 Mit der Übersetzung von Frischs *Gantenbein* beschäftigte sich Andersch auch in seinem *Öffentlichen Brief an einen sowjetischen Schriftsteller* (vgl. AA, GW 10, S. 507). Im Winter 1976/77 erschien in der Zeitschrift eine Übersetzung von Anderschs Roman *Winterspelt* (vgl. Briefwechsel mit Eugenij N. Pralnikov, DLA).

143 Frisch war mit der Delegation des deutschen Bundeskanzlers Helmut Schmidt nach China gereist und verfasste darüber seine *Notizen von einer kurzen Reise nach China 28. 10. – 4. 11. 1975*, die er am 9. Februar 1976 im Nachrichtenmagazin *Der Spiegel* veröffentlichte. Schmidt verehrte Frisch als Schriftsteller, und umgekehrt hatte dieser großen Respekt vor dem Politiker (vgl. Hage, S. 112f.; Jan Bürger, *Herrenrunde mit Panzerwagen*, in: *Zeitschrift für Ideengeschichte*, H. IV/4, Winter 2010, S. 107–110).

144 Die Karte ist nicht überliefert.

145 *Styx* erschien 1978 unter dem Titel *Triptychon. Drei szenische Bilder* im Frankfurter Suhrkamp Verlag und wurde im folgenden Jahr noch einmal von Frisch revidiert (vgl. MF, GW VII, S. 93–204 und 499f.).

146 Anderschs 1974 bei Diogenes veröffentlichter Roman *Winterspelt* erschien 1978 in der Übersetzung von Richard und Clara Winston in New York.

147 Laut seinem Taschenkalender für das Jahr 1978 ist Frisch am 18. Mai von Zürich nach Oslo geflogen, vom 23. Mai an nahm er in Stockholm am PEN-Kongress teil, um am 29. Mai nach Küsnacht zurückzukehren (MFA).

148 Frisch erinnerte sich hingegen in einem Brief an Anderschs Biographen Stephan Reinhardt vom 21. Juni 1988, er habe Andersch damals unterstützt, »als er von hohen Arztrechnungen bedroht war«: »Ich habe einmal an Frau Gisela Andersch einen

Betrag von Fr. 20000.– überwiesen, damit sie von dieser Art Sorge ein wenig erleichtert werde.« (MFA)

149 In Anderschs autobiographischem Bericht *Böse Träume* heißt es über dieses Manuskript: »Auch in den Debatten mit meinem Nachbarn und Freund Max Frisch geht es nicht nur um sein Leiden an der Schweiz, das meine an Deutschland, sondern auch – und fast häufiger – um Probleme der Form; er will wissen, ob mir ein Text, den er geschrieben hat, als geglückt erscheint; soeben hat er mir eine Abschrift des Manuskripts von *Holozän* geschickt; diese zugleich dicht und locker gehaltene Erzählung macht mich darauf aufmerksam, daß das Onsernone-Tal zu gewissen Zeiten alles andere ist als ein Wohnort, wie ihn der musische Mensch sich erträumt.« (AA, GW 5, S. 443) – Die Buchausgabe der Erzählung kam unter dem Titel *Der Mensch erscheint im Holozän* im März 1979 im Suhrkamp Verlag heraus.

150 Gisela Andersch feierte an diesem Tag ihren 65. Geburtstag.

151 Ein japanisches Rollbild.

152 Frisch spielt auf die umstrittene Wehrschau der Schweizer Armee in Zürich am 16. und 17. März 1979 an. Für den 9. März war die offizielle Feier des 65. Geburtstags von Alfred und Gisela Andersch geplant *(vgl. Nr. 45)*.

153 Veröffentlicht wurde Frischs *Laudatio auf Alfred Andersch* zuerst in der *Süddeutschen Zeitung* vom 17./18. März 1979 (vgl. MF, GW VII, S. 42–52 und 496).

154 Frisch zitiert die letzte Strophe von Ingeborg Bachmanns Gedicht *Alle Tage* aus dem Band *Die gestundete Zeit* von 1953 *(vgl. Anm. 30;* Ingeborg Bachmann, *Werke 1,* hg. von Christine Koschel, Inge von Weidenbaum und Clemens Münster, München 1978, S. 46).

155 Der CDU-Politiker Hans Filbinger (1913–2007) war Ministerpräsident des Landes Baden-Württemberg. Im August 1978 führte die »Filbinger-Affäre« – eine Debatte über sein Verhalten im Nationalsozialismus – zu seinem Rücktritt.

156 Frisch zitiert Brechts Gedicht *Deutschland* (vgl. Bertolt

Brecht, *Gedichte 1, Sammlungen 1918–1938,* bearbeitet von Jan Knopf und Gabriele Knopf, Frankfurt a. M. 1988, S. 253 f.).

157 Frisch zitiert Brechts Gedicht *An die Nachgeborenen* (vgl. Bertolt Brecht, *Gedichte 2, Sammlungen 1938–1956,* bearbeitet von Jan Knopf, Frankfurt a. M. 1988, S. 85 f.).

158 Frisch zitiert Anderschs Essay *Die Blindheit des Kunstwerks* (vgl. AA, GW 9, S. 234).

159 Der Politiker, Historiker und Schriftsteller Sigmund Widmer (1919–2003) war 1966–1982 Stadtpräsident von Zürich und als solcher auch für Kultur zuständig.

160 Im Typoskript: Gerhard

161 Am 6. Juni 1935 feierte Thomas Mann seinen 60. Geburtstag im Zürcher Corso-Theater.

162 Im Typoskript: Bergengrüen

163 Frisch zitiert aus Anderschs Gedicht *Andererseits* aus der Sammlung *empört euch der himmel ist blau. Gedichte und Nachdichtungen 1946–1977*, die 1977 im Diogenes Verlag, Zürich, erschien (vgl. AA, GW 6, S. 120 f.).

164 Frisch zitiert aus Anderschs Gedicht *Zwölf Strophen über die Arbeitslosigkeit* (vgl. AA, GW 6, S. 138 f.).

165 Der Artikel erschien am 25. Februar 1980 im *Corriere del Ticino* in italienischer Übersetzung.

166 Im Typoskript: Münschen

167 Im Typoskript: EPHFRAIM

168 Dem Brief liegt ein Schreiben der im Oktober 1979 gegründeten Max Frisch-Stiftung vom 15. September 1980 bei. Peter Bichsel und Peter von Matt bitten darin um Briefe und Manuskripte Frischs zum Aufbau eines Archivs in der Eidgenössischen Technischen Hochschule Zürich.

169 Andersch hat selbst verfügt, dass sein literarischer Nachlass in Marbach a. N. aufbewahrt werden soll. Bereits am 28. September 1978 hatte er einen Großteil seiner literarischen Manuskripte, Korrespondenzen und Dokumente der Deutschen Schillergesellschaft e. V. für das Deutsche Literaturarchiv übereignet.

170 Gisela Andersch bezieht sich auf ein Interview, das der Dramatiker Friedrich Dürrenmatt André Müller gegeben hat und das am 20. Dezember 1980 im deutschsprachigen *Playboy* veröffentlicht wurde. Das Heft bekam sie wahrscheinlich von ihrer Nachbarin Edith Tschichold. Auf Müllers Frage, ob er mit Frisch befreundet sei, antwortete Dürrenmatt: »Ja, ja, doch. Wir hatten ein paar kleine Verstimmungen, aber das ist nicht mehr wichtig.« Darauf Müller: »Welche Verstimmungen?« Darauf wiederum Dürrenmatt: »Ach, er ist doch so ungeheuer verletzbar. Es gab diese Sache, da hatte ich dem Schauspieler Ernst Schröder zu seinem 50. Geburtstag in einem Brief gratuliert und eine Kritik beigefügt über *Andorra,* in aller Eile geschrieben, weil ich dieses Stück einfach nicht für gelungen halte, und das hat der Frisch dann erfahren. Er ist ein flotter Kerl, aber was er schreibt, ist manchmal ganz furchtbar. Er ist ein merkwürdiger Autor der Fehlleistungen. Nehmen Sie *Biedermann und die Brandstifter,* wo er die Brandgefahr als Symbol für die existentielle Bedrohung gesetzt hat. Das ist ein Stück, das einfach nicht zutrifft, denn in der Schweiz ist doch jedermann brandversichert. Was mich an Frisch so stört, sind diese Unwahrheiten, auch in den Romanen, zum Beispiel *Montauk.* Das hat er als autobiographisches Werk ausgegeben. Aber wenn Sie ihn persönlich kennen, dann schütteln Sie nur den Kopf. Da stimmt einfach gar nichts. Er hat mir doch jede Frau vorgestellt, die er hatte, und geschworen, Gott möge ihn verfluchen, wenn er sie jemals betrüge. Das ist einfach grotesk. Ich glaube, jetzt ist er gerade wieder geschieden. Dieser Romantizismus in der Liebe ist mir ganz fremd, diese ungeheure Selbstquälerei, das könnte ich gar nicht.« / PLAYBOY: »Wissen Sie, daß er für den Nobelpreis nominiert war?« / DÜRRENMATT: »Nein, keine Ahnung. Ich wünsche ihm, daß er ihn kriegt. Er hat das wahrscheinlich sehr nötig. Er braucht einfach diese Bewunderung.« (*Playboy,* München 1/1981, S. 43–50, hier S. 50)

171 Nachdem Frisch im Frühjahr 1982 mit seinem krebskranken

Freund Peter Noll nach Ägypten gefahren war, reiste er vom 1. bis zum 7. Januar 1984 gemeinsam mit Karin Pilliod ein weiteres Mal an den Nil. Über die Ägyptenreise berichtet Frisch in seiner Rede zum Tod von Peter Noll (MF, GW VII, S. 74–79).

172 Martin Andersch (*1945), Sohn von Gisela und Adoptivsohn von Alfred Andersch.

173 Frischs *Gesammelte Werke in zeitlicher Folge* wurden bereits zum 65. Geburtstag von Hans Mayer im Suhrkamp Verlag herausgegeben und zehn Jahre später in einer preiswerten und um einen siebten Band erweiterten Jubiläumsausgabe angeboten.

174 Gemeint ist Karin Pilliod-Hatzky, Frischs letzte Lebensgefährtin.

Personen- und Werkregister

Fotonachweis

Alfred Andersch 1963 in Rom
Archiv Diogenes Verlag

Max Frisch 1964 in Rom
Copyright © Pia Zanetti, Zürich

Alfred Andersch mit Ingeborg Bachmann auf einem Treffen der Gruppe 47 in Berlin-Wannsee im Oktober 1962
Copyright © Deutsches Theatermuseum München, Archiv Heinz Köster

Max Frisch an Alfred Andersch, 28.8.1959
Copyright © Max Frisch-Archiv an der ETH-Bibliothek, Zürich

Max Frisch und Alfred Andersch im Garten von Anderschs Haus in Berzona, ca. 1963
Fotograf unbekannt

Berzona im Valle Onsernone, Tessin (Postkarte, um 1920)
Copyright © Annette Korolnik

Alfred Andersch an Max Frisch, 8.4.1964
Copyright © Deutsches Literaturarchiv Marbach

Marianne Oellers und Max Frisch an Gisela und Alfred Andersch, 3.6.1963
Copyright © Max Frisch-Archiv an der ETH-Bibliothek, Zürich

Kopie des Typoskripts von Frischs Erzählung, *Der Mensch erscheint im Holozän,* mit Widmung für Alfred Andersch, 1978
Copyright © Annette Korolnik

Gisela und Alfred Andersch in Giselas Atelier in Berzona, ca. 1962
Copyright © Monique Jacot / 2014, ProLitteris, Zürich

Das Haus der Anderschs in Berzona
Copyright © Deutsches Literaturarchiv Marbach

Alfred Andersch in Berzona, September 1969
Copyright © Renate von Mangoldt

Max Frisch in Berzona, ca. 1969
Copyright © Renate von Mangoldt

Max Frisch 1985 vor seinem Haus in Berzona
Copyright © Max Frisch-Archiv an der ETH-Bibliothek, Zürich

Marianne Oellers und Max Frisch beim Boccia in Berzona, 1967
Copyright © Renate von Mangoldt

Alfred Anderschs Arbeitszimmer in Berzona
Archiv Diogenes Verlag

Max Frisch in seinem Arbeitszimmer in Berzona, 1976
Copyright © Max Frisch-Archiv an der ETH-Bibliothek, Zürich

Anlässlich der Neuausgabe seiner Werke im Diogenes Verlag interviewen Max Frisch und Alfred Andersch 1966 ›Jules Verne‹ im Zürcher Ciné Bellevue
Archiv Diogenes Verlag

Die von Gisela Andersch gestaltete Einladung des Zürcher Stadtrats zum 65. Geburtstag an Marianne und Max Frisch, 1979
Copyright © Max Frisch-Archiv an der ETH-Bibliothek, Zürich

Max Frisch und Alfred Andersch an einer Vernissage von Gisela Andersch, 1967
Copyright © Alexander Klee

Bei der Hochzeit von Max und Marianne Frisch, 1968
Privatbesitz Marianne Frisch

Bitte beachten Sie
auch die folgenden Seiten

Sinne, Eingeständnis, daß wir, wie sehr uns die allgemeine Geschichte angeht und bewegt, die Welt schließlich doch immer vom Ich her erfahren, erleiden, bewältigen oder nicht.« *Max Frisch*

Winterspelt

»*Winterspelt* ist ein Buch, das, so denke ich, das beste ist, das dieser zurückhaltende, eigenwillige Autor geschrieben hat. Ein Alterswerk (wie Fontanes *Stechlin*, Thomas Manns *Erwählter*, Heinrich Manns *Atem*): zart und von durchsichtig-kristalliner Struktur.«
Wolfram Schütte

»*Winterspelt* beunruhigt mich sehr. Ein Buch, das dem Leser den Schlaf raubt, ist ein Buch, das zu lesen sich lohnt. Überzeugt von seinem hohen literarischen Rang, sollte ich über *Winterspelt* schweigen. *Winterspelt* ist ein großes Werk. Jede Kritik an *Winterspelt* richtet sich gegen den Kritiker.« *Wolfgang Koeppen*

Stephan Reinhardt
Alfred Andersch
Eine Biographie

»Ein Buch über die Interna des westdeutschen Kulturbetriebes und zugleich über die Entwicklung der deutschsprachigen Literatur, das mit dieser 768 Seiten umfassenden Andersch-Biographie vergleichbar oder ihr auch nur annähernd ähnlich wäre, gibt es nicht. Wer sich für die aufgewühlte Zeit nach dem Zweiten Weltkrieg (die seltsam verzerrt in der DDR gegenwärtig variiert wird) und für die Geschicke der westdeutschen Nachkriegsliteratur interessiert – hoffend, immer wieder enttäuscht, von allem irgendwie Gelungenen betroffen wie von etwas Belangvollem –, muß diesem Buch erliegen. Er wird es nicht brav durcharbeiten als Pflichtlektüre oder materialreiche Spezialstudie, sondern wird sich in ihm verlieren, wie man sich in einem Haufen alter Briefe verliert, bei der Suche nach etwas ganz anderem. Gelebtes Leben zieht in Bann, Streitereien von einst schütteln den Staub ab. Gräber öffnen sich. Ungewöhnlich und faszinierend an dieser Biographie ist, daß sie Literaturgeschichte gleichsam ›von unten‹ gibt.«
Joachim Kaiser/Süddeutsche Zeitung, München

»Auf solche Lebensbeschreibung, so anschaulich und penibel, so aufschlußreich und unterhaltsam, trifft man nur selten.«
Klaus Bellin/Die Weltbühne, Berlin

»Eine umfangreiche Biographie über den Publizisten, Kritiker und Erzähler Alfred Andersch schildert ein Stück deutscher Kulturgeschichte. Die minutiös belegte Biographie von Stephan Reinhardt spiegelt zugleich auch die jüngere (west-)deutsche Geschichte wider.« *Der Spiegel, Hamburg*

Max Frisch
Friedrich Dürrenmatt
Briefwechsel

Mit einem Essay des Herausgebers Peter Rüedi

Die hier veröffentlichten Briefe dokumentieren die besondere Freundschaft zwischen den beiden berühmtesten Schweizer Autoren des 20. Jahrhunderts: Max Frisch und Friedrich Dürrenmatt. Ihr Briefwechsel ist Zeugnis einer kritischen, respektvollen, unter dem Druck des zunehmenden Ruhms der beiden zunächst ironisch-neckischen, dann ernsthaft gefährdeten, ja gescheiterten Freundschaft.
Der Essay von Peter Rüedi stellt den Briefwechsel in Zusammenhang von Leben, Werk und Zeitgeschichte.

»Erstmals ist mit der Edition dieses Briefwechsels das ganze Ausmaß der Verstörungen und wechselseitigen Mißverständnisse zwischen Frisch und Dürrenmatt deutlich. Die Sammlung ist äußerst reizvoll und aufschlußreich: Sie enthält das Psychogramm zweier bedeutender Temperamente, wie sie unterschiedlicher kaum zu denken sind.«
Volker Hage / Der Spiegel, Hamburg

»Peter Rüedis Vorwort ist eine unbedingt lesenswerte, überzeugende, höchst einfühlsame Darstellung des Verhältnisses zwischen den beiden Autoren.«
Charles Linsmayer / Der Bund, Bern

»Das Faszinierende an der Korrespondenz ist die Einsicht in die Unmöglichkeit einer Freundschaft zwischen beiden, die lediglich Alter und Tod einander wieder näherbrachten.«
Michael Bauer / Süddeutsche Zeitung, München

Max Frisch
Friedrich Dürrenmatt
Briefwechsel

Mit einem Essay des Herausgebers Peter Rüedi

Die hier veröffentlichten Briefe dokumentieren die besondere Freundschaft zwischen den beiden berühmtesten Schweizer Autoren des 20. Jahrhunderts: Max Frisch und Friedrich Dürrenmatt. Ihr Briefwechsel ist Zeugnis einer kritischen, respektvollen, unter dem Druck des zunehmenden Ruhms der beiden zunächst ironisch-neckischen, dann ernsthaft gefährdeten, ja gescheiterten Freundschaft.
Der Essay von Peter Rüedi stellt den Briefwechsel in Zusammenhang von Leben, Werk und Zeitgeschichte.

»Erstmals ist mit der Edition dieses Briefwechsels das ganze Ausmaß der Verstörungen und wechselseitigen Mißverständnisse zwischen Frisch und Dürrenmatt deutlich. Die Sammlung ist äußerst reizvoll und aufschlußreich: Sie enthält das Psychogramm zweier bedeutender Temperamente, wie sie unterschiedlicher kaum zu denken sind.«
Volker Hage / Der Spiegel, Hamburg

»Peter Rüedis Vorwort ist eine unbedingt lesenswerte, überzeugende, höchst einfühlsame Darstellung des Verhältnisses zwischen den beiden Autoren.«
Charles Linsmayer / Der Bund, Bern

»Das Faszinierende an der Korrespondenz ist die Einsicht in die Unmöglichkeit einer Freundschaft zwischen beiden, die lediglich Alter und Tod einander wieder näherbrachten.«
Michael Bauer / Süddeutsche Zeitung, München